AF346614

INSTRUCTIONS

SUR LE

TRAVAIL INDIVIDUEL

DANS LA CAVALERIE,

LE TIR DU FUSIL ET DU PISTOLET.

TRAITÉ SUR LA FERRURE.

Paris — Imprimerie de Cosse et J. Dumaine, rue Christine, 2.

INSTRUCTIONS

SUR LE

TRAVAIL INDIVIDUEL

DANS LA CAVALERIE,

LE TIR DU FUSIL ET DU PISTOLET.

TRAITÉ SUR LA FERRURE.

PARIS,

LIBRAIRIE MILITAIRE,

J. DUMAINE, LIBRAIRE-ÉDITEUR DE L'EMPEREUR,

Rue et Passage Dauphine, 30.

1862

RAPPORT A L'EMPEREUR.

Paris, le 8 avril 1862.

Sire,

L'armée, cette grande institution gardienne de toutes les autres, ne pouvait pas rester étrangère au progrès qui est la loi de notre temps et la gloire de votre règne.

Notre artillerie, sous l'inspiration personnelle de Votre Majesté, est soumise à une transformation à peu près complète; l'instruction de l'infanterie se développe chaque jour, le fantassin est rendu plus agile; il atteint par son tir à des distances qui semblaient impossibles.

La cavalerie doit avancer aussi dans la voie du perfectionnement; elle ne s'y laissera dépasser par aucune autre arme.

L'exercice et les évolutions de la cavalerie ont pour base l'ordonnance royale du 6 décembre 1829; les principes que cette ordonnance consacre, les règles qu'elle établit témoignent, depuis plus de trente ans, de la haute expérience et du profond savoir de ses auteurs; loin de moi la pensée d'ébranler un monument si digne des respects de l'armée.

Mais ne faut-il pas tenir compte de la marche du temps et des nécessités nouvelles que la longue portée des armes à feu impose à la tactique des armées?

Sans doute, l'ordonnance du 6 décembre 1829 embrasse dans son entier l'instruction du cavalier ; mais elle a principalement en vue les mouvements d'ensemble qui, sur un champ de bataille, amènent de si grands résultats.

J'ai cherché, sans m'écarter des principes de l'ordonnance, à individualiser davantage l'instruction du cavalier, en le préparant, dès les premières leçons, et plus sérieusement qu'on ne l'a fait jusqu'à ce jour, au rôle qu'il doit jouer à la guerre.

En effet, si, au lieu de n'être qu'une partie de ce tout qu'on nomme *escadron* ou *régiment*, le cavalier est appelé, par son service ou par les éventualités de la guerre, à agir isolément ; s'il doit franchir des obstacles, se frayer un passage, lutter homme à homme, faire enfin non plus ce que lui commande la voix de son chef, mais ce que lui inspire le sentiment de sa force, de son intelligence et de son adresse ; si le cheval aussi, n'étant plus comme encadré dans le rang et entraîné par le mouvement des autres, ne reçoit plus que de son cavalier la direction et l'impulsion, il est évident qu'ils ne surmonteront ces difficultés qu'autant que des exercices spéciaux les y auront longuement préparés.

Il faut donc au cavalier une instruction graduelle, persévérante, pratique, qui, développant l'essor de son initiative, lui apprenne à se servir utilement de ses armes, à manœuvrer son cheval isolément à toutes les allures et dans tous les terrains ; il faut au cheval des exercices isolés, en libre carrière, qui développent son agilité, son adresse et le rendent un instrument énergique et docile dans la main qui le conduit.

Dès l'année 1859, Votre Majesté voulut bien m'autoriser à faire étudier dans les corps de cavalerie une instruction provisoire sur le travail individuel ; elle a été suivie avec le

soin le plus attentif ; MM. les inspecteurs généraux ont recueilli toutes les observations des chefs de corps, et en constatant les bons résultats obtenus, ils m'ont signalé tout ce
qui, dans le projet de règlement, devait être ajouté, retranché ou modifié. J'ai réuni de cette manière des documents
nombreux, d'une incontestable autorité, qui ont servi de
base à l'instruction définitive sur le travail individuel du cavalier. Les liens de confraternité qui m'attachent plus particulièrement à la cavalerie devaient me rendre plus exigeant
encore pour un règlement dont la nécessité me paraît si évidente ; aussi ai-je voulu qu'il fût examiné et discuté sous
ma présidence par les membres du comité consultatif de la
cavalerie et par les inspecteurs généraux de cavalerie présents à Paris (1). La part qu'ils ont prise à ce travail est pour

---

(1) La commission chargée de rédiger l'instruction sur le travail individuel, dans la cavalerie, était ainsi composée :

Le Maréchal Ministre de la guerre, *président*.

MM. les généraux de division :

Grand, président du comité de cavalerie :

Reyau, Comte Gudin, Feray, Dupuch de Feletz.	Membres du comité ;
Morris, D'Allonville, De Rochefort, Dubern, Bertin, Marquis de Forton, Genestet de Planhol,	Inspecteurs généraux de cavalerie ;
Le colonel Henry, Le colonel de Gaujal,	secrétaires.

moi la garantie que je puis, avec une entière confiance, le soumettre à l'approbation de l'Empereur.

Je suis avec le plus profond respect,

Sire,

De Votre Majesté,

Le très-obéissant, très-dévoué serviteur et très-fidèle sujet,

Le Maréchal de France,
Ministre Secrétaire d'État de la guerre.

RANDON.

Approuvé :
NAPOLÉON.

INSTRUCTION

SUR

LE TRAVAIL INDIVIDUEL

DANS LA CAVALERIE.

INSTRUCTION

SUR

LE TRAVAIL INDIVIDUEL

DANS LA CAVALERIE.

CONSIDÉRATIONS GÉNÉRALES.

Le véritable cavalier doit savoir manier ses armes avec adresse et précision, conduire son cheval à toutes les allures, dans tous les terrains, et en obtenir une obéissance immédiate pour tous les mouvements qui lui sont rationnellement demandés. Il est, dès lors, nécessaire que le cavalier et le cheval soient soumis à des exercices spéciaux et gradués qui répondent aux diverses exigences du service de guerre.

Perfectionner l'homme dans l'art de diriger sa monture, habituer les chevaux à se séparer les uns des autres et à céder à la volonté du cavalier, tel est le but principal du *Travail individuel*.

La présente instruction résume les diverses séries d'exercices qui tendent à obtenir ce double résultat.

Le travail individuel, préalablement enseigné aux lieutenants et sous-lieutenants, doit être dirigé de manière à satisfaire beaucoup moins à une limite de temps qu'à l'observation des règles inséparables d'une bonne instruction, et les mouvements qui, dans le cours du travail, n'auraient pas été exécutés, ou dont l'exécution n'aurait pas été suffisamment correcte, doivent être entrepris ultérieurement, sans avoir égard à une corrélation avec certains mouvements de l'ordonnance.

Dans cette prévision, et pour ne pas borner la latitude laissée aux instructeurs, les divers exercices de ce travail n'ont pas été groupés en

1.

articles correspondant à ceux de l'ordonnance, mais seulement présentés en suivant une échelle de difficultés.

EXPOSÉ DU PLAN SUIVI.

Les première et deuxième classes ne reprenant leur instruction à cheval qu'au 1er février de chaque année, on a choisi cette époque pour commencer l'instruction proprement dite du Travail individuel.

Il est à remarquer que les trois premiers articles des écoles du peloton et de l'escadron concernent principalement les mouvements d'ensemble et que l'instruction individuelle se trouve par cela même à peu près interrompue ; on a, dès lors, été amené à diviser ce travail de manière à faire suivre par des exercices individuels les divers mouvements de l'ordonnance. Cette manière de diriger l'instruction a d'autant plus sa raison d'être que, dans les conditions de l'ordonnance, l'intelligence et la hardiesse du cavalier ne peuvent pas toujours se développer ; que celui-ci n'a point une confiance suffisante dans son cheval, dont il n'a pu reconnaître les moyens, et il n'est pas étonnant de trouver chez l'animal une résistance obstinée et chez l'homme un embarras extrême quand un cavalier doit sortir du rang pour exécuter un exercice quelconque en carrière libre.

Un travail spécial est établi pour les hommes de recrue ; ceux-ci sont préparés à suivre le travail exigé des anciens cavaliers et sont exercés graduellement à la conduite isolée de leur cheval en appliquant d'eux-mêmes, à la fin de chaque séance, les principes qu'ils ont reçus dans le travail en troupe. Pour détruire cette contrainte, cette brusquerie d'exécution qui souvent sont la conséquence des commandements militaires, les indications usitées au manége sont seules employées dans le travail individuel. Toutes les fois que la bonne exécution des mouvements exige qu'ils soient décomposés, on exerce seulement deux cavaliers à la fois, afin que l'instructeur puisse mieux rectifier les fautes et régler les allures ; on évite aussi, surtout dans le travail au galop, de fatiguer les chevaux. ce qui arrive quand la leçon s'applique à un trop grand nombre d'hommes.

La course des têtes a été subdivisée de manière à amener graduellement l'homme à parcourir une longue carrière, à une allure très-vive, en pointant ou sabrant des têtes sur des chandeliers, à terre et en franchissant des obstacles.

Pour donner aux lanciers l'émulation indispensable au développement de leur adresse, on a pensé que les moulinets et quelques coups jetés dans l'espace ne suffisaient pas, et l'on a eu recours à une instruction particulière qui a pour but d'exercer les cavaliers au maniement spécial de leur arme.

Enfin les principes de tir et l'instruction de détail relative à leur application ont été résumés dans un traité spécial.

TITRE PREMIER.

TRAVAIL INDIVIDUEL DES RECRUES.

PREMIÈRE SÉRIE.

L'homme de recrue est préparé à recevoir les premiers principes de tenue à cheval par des exercices de voltige et de gymnastique, qui développent sa souplesse et le familiarisent avec le cheval.

Dans le cours de l'école du cavalier, le travail de chaque jour est terminé par une reprise de travail individuel, pendant laquelle les hommes exécutent à volonté, dans l'intérieur du carré, les mouvements qui leur ont été enseignés précédemment.

Ce travail a pour but d'abandonner peu à peu l'homme à ses propres moyens, sans l'éloigner de l'instructeur, et de susciter l'emploi de ses aides au milieu de chevaux qui se croisent confusément.

L'instructeur insiste d'une manière particulière sur les mouvements de l'ordonnance, qui contribuent à développer la conduite individuelle du cheval et à familiariser le cavalier avec les principes d'équitation dont l'usage est le plus fréquent, et dont la mise en pratique est le plus rigoureusement nécessaire.

Tels sont les mouvements indiqués dans la progression suivante :

Marcher.

Arrêter.

A droite, — à gauche, — { *de pied ferme*
    demi-tours. { *et au pas.*

Quart d'à-droite, — quart d'à-gauche.

Reculer et cesser de reculer.

Passer du pas au trot et du trot au pas.

Changement de direction, { *par cavalier.*
    — marche circulaire. {

A-droite, — à gauche, — { *en marchant,*
     demi-tours. { *au trot.*

Étant de pied ferme partir au trot.

Marchant au trot, arrêter.

Passer du trot au galop.

Appuyer.

Répéter avec la bride les mouvements prescrits ci-dessus.

Travail au galop sur des lignes droites et en cercle.

Pendant le travail individuel, l'instructeur emploie les indications suivantes :

Pour fixer l'attention des cavaliers :

    A VOS RÊNES.

Pour mettre en mouvement ou exécuter les changements d'allures :

    MARCHEZ { AU PAS.
             { AU TROT.

    PARTEZ AU GALOP.

Pour arrêter :

    ARRÊTEZ.

Pour reculer :

    RECULEZ.

Les actions des rênes et des jambes, les changements d'allures sont l'objet de l'attention constante de l'instructeur, et les principes en sont d'abord démontrés homme par homme, avant d'être appliqués par tous les cavaliers à la fois.

L'instructeur met à profit le temps des repos laissés aux hommes et aux chevaux, en s'occupant exclusivement de l'instruction d'un seul cavalier.

A cet effet, il fait exécuter indistinctement à l'un des cavaliers, par une simple indication, des à-droite, des à-gauche, des demi-tours et des changements d'allure, en corrigeant scrupuleusement les fautes commises dans les moyens de conduite que le cavalier emploie.

Ce mode d'instruction est successivement mis en usage pour tous les cavaliers.

DEUXIÈME SÉRIE.

Lorsque les hommes de recrue ont été habitués, par l'école du cavalier, au juste emploi de leurs aides dans les mouvements les plus simples, et préparés à conduire leurs chevaux individuellement, ils sont admis à la deuxième série de ce travail qui a pour but de perfectionner leur instruction individuelle par des mouvements plus corrects et plus variés.

A mesure que l'instruction progresse, le capitaine instructeur a soin de classer les hommes de recrue en raison de leurs différentes aptitudes, de manière à proportionner les exigences aux moyens de chaque cavalier. Cette distinction atteint le double but de pousser activement l'instruction des hommes les mieux doués et d'apporter une plus grande sollicitude à ceux d'une conformation moins favorable ou d'une intelligence moins développée.

Pendant le cours de l'école de peloton, le travail de chaque jour est divisé en deux reprises dont l'une est consacrée à l'instruction de l'ordonnance, et l'autre est employée à exécuter divers mouvements du travail individuel.

L'instructeur dirige le travail individuel de manière à exécuter, dans le cours de l'école de peloton, la série des mouvements dont la progression est arrêtée ci-après.

PROGRESSION.

1. *Doublé individuel.*
2. *Changement de main.*
3. *Doublé individuel par rang.*
4. *Changement de main par rang.*
5. *Changement de direction en sens inverse.*
6. *Changement de main en tenant les hanches.*
7. *Travail en cercle.*
8. *Volte individuelle.*
9. *Demi-volte individuelle.*
10. *Demi-tour individuel (sur place, sur les épaules, sur les hanches).*
11. *Course de la tête.*
12. *Saut du fossé ou de la barrière.*
13. *Tir à la cible à blanc.*
14. *Faire quitter le peloton par file.*

Le peloton étant en bataille, l'instructeur fait rompre par un et tracer un grand carré. Le sous-instructeur et le serre-file se placent, le dos tourné aux petits côtés se faisant face et à six pas en avant de la piste. Ils secondent l'instructeur et rectifient les fautes à voix basse. L'indication des mouvements est divisée en deux parties dont l'une prépare l'exécution et l'autre la détermine. Lorsque l'indication préparatoire ne comprend pas le mot *individuel*, l'exécution est successive.

Toutes les fois qu'un mouvement, en raison de la profondeur de la colonne, deviendra d'une exécution difficile, le peloton sera divisé en deux fractions.

Toutes les fois qu'il sera reconnu nécessaire d'exercer d'abord séparément chaque cavalier à l'exécution d'un mouvement, l'instructeur formera les cavaliers sur un rang dans l'intérieur du carré par le mouvement FRONT. Il en sera de même lorsque l'instructeur voudra ménager les chevaux et les exercer successivement, afin de ne pas les exposer à des fatigues d'autant plus grandes que les moyens de conduite sont moins réguliers.

N° 1. — DOUBLÉ INDIVIDUEL.

Les cavaliers marchant en colonne et à main droite sur l'un des grands côtés, l'instructeur commande :

Pour doubler individuellement, — DOUBLEZ.

Les cavaliers exécutent ensemble un à droite et se règlent du côté vers lequel on tourne, afin de marcher à la même hauteur et de rentrer ensemble à la piste par un deuxième à droite.

Même mouvement, à l'autre main, puis au trot et au galop.

N° 2. — CHANGEMENT DE MAIN.

L'instructeur fait exécuter les divers changements de main prescrits à l'école du cavalier, à l'indication :

$$\text{Pour changer de main}\ \begin{cases} \textit{dans la largeur,} \\ \textit{dans la longueur,} \\ \textit{diagonalement.} \end{cases}$$

CHANGEZ DE MAIN.

Ces changements de main s'exécutent au pas et au trot.

N° 3. — DOUBLÉ INDIVIDUEL PAR RANG. (Pl. 1.)

Les cavaliers marchant en colonne sur l'un des grands côtés, l'instructeur commande :

Pour doubler individuellement par rang. —
Au deuxième rang. — DOUBLEZ.

Les cavaliers du deuxième rang se conforment à ce qui est prescrit pour exécuter un doublé individuel, et, le mouvement terminé, les cavaliers se trouvent en colonne avec des distances doubles (mesurées de la tête à la tête).

L'instructeur fait l'indication : DOUBLEZ, de manière que les conducteurs se trouvent réglés après le mouvement.

Pour remettre les cavaliers en colonne par un, avec les distances primitives, l'instructeur commande :

Au premier rang, — DOUBLEZ.

Les cavaliers du premier rang se conforment à ce qui est prescrit pour exécuter un doublé individuel, et viennent occuper les distances qui séparent les cavaliers du deuxième rang.

L'instructeur doit faire l'indication : DOUBLEZ, lorsque tous les cavaliers des deux colonnes se trouvent sur les grands côtés et au moment où le conducteur du premier rang a encore à parcourir une distance égale à la largeur du manége pour arriver à hauteur de la queue de la colonne opposée.

Il ressort de cette prescription que les dimensions du carré doivent être telles que sa longueur dépasse la largeur d'au moins toute la profondeur de la colonne ;

Après ce mouvement, l'instructeur remet le conducteur en tête de la colonne par un doublé individuel.

Même mouvement à l'autre main, puis au trop et au galop.

N° 4. — CHANGEMENT DE MAIN PAR RANG. (Pl. 2.)

Le conducteur étant près d'arriver au premier tiers de l'un des grands côtés, l'instructeur commande :

Pour changer de main par rang dans la largeur, —
Au deuxième rang. — CHANGEZ DE MAIN.

Les cavaliers du deuxième rang exécutent le changement de main dans la largeur et ceux du premier rang continuent de suivre la piste jusqu'à l'indication :

Au premier rang. — CHANGEZ DE MAIN.

Les cavaliers du premier rang exécutent le changement de main et reprennent leur place dans la colonne composée des cavaliers du deuxième rang.

L'instructeur fait l'indication : *au premier rang*, — CHANGEZ DE MAIN, lorsque le conducteur arrive au deuxième tiers du grand côté.

On répète le même mouvement en commençant par les cavaliers du premier rang, puis au trot.

Ce mouvement s'exécute suivant les mêmes principes dans la longueur ou diagonalement.

N° 5. — CHANGEMENT DE DIRECTION EN SENS INVERSE. (Pl. 3.)

Le conducteur étant arrivé vers le milieu d'un petit côté, l'instructeur fait doubler dans la longueur, et lorsque la tête de colonne est arrivée au petit côté opposé, il commande :

Pour changer de direction en sens inverse. — TOURNEZ A DROITE ET
A GAUCHE.

Le conducteur tourne à droite, le deuxième cavalier tourne à gauche sur le même terrain, et ainsi successivement, les cavaliers du premier rang tournant à droite et ceux du deuxième rang à gauche à mesure qu'ils arrivent sur le même terrain où le conducteur a tourné.

Les cavaliers forment ainsi deux colonnes, qui marchent à la main opposée, conservent des distances doubles (de la tête à la tête), et se remettent en colonne par un au point où a commencé le doublé dans la longueur.

On répète le même mouvement, les cavaliers du premier rang tournant à gauche et ceux du deuxième rang à droite, puis au trot.

N° 6. — CHANGEMENT DE MAIN EN TENANT LES HANCHES.

Le conducteur ayant dépassé le deuxième coin, l'instructeur commande :

Pour changer de main en appuyant. — CHANGEZ DE MAIN.

Les cavaliers exécutent le changement de main diagonal, en appuyant parallèlement aux grands côtés et se servant du filet avec la main droite pour placer la tête du cheval dans la direction à suivre.

Même mouvement au pas à l'autre main.

N° 7. — TRAVAIL EN CERCLE.

L'instructeur fait exécuter la marche circulaire prescrite à l'école du cavalier, à l'indication :

Pour le cercle : — EN CERCLE.

et fait reprendre la piste à l'indication :

MARCHEZ LARGE.

L'instructeur fait répéter sur la ligne circulaire les mouvements exécutés sur la ligne droite; partir au galop à l'une et à l'autre main; appuyer à droite et à gauche en marchant au pas; arrêter et repartir à toutes les allures.

N° 8. — VOLTE INDIVIDUELLE. (Pl. 4.)

Les cavaliers marchant en colonne par un, et à main droite sur l'un des grands côtés, l'instructeur commande :

Pour la volte individuelle. — VOLTE.

Chaque cavalier décrit un cercle de la piste à la ligne du milieu, et marche large sans indication.

L'instructeur veille à ce que les cavaliers conservent le même degré de vitesse et décrivent un cercle régulier.

Même mouvement à main gauche, puis au trot.

N° 9. — DEMI-VOLTE INDIVIDUELLE.

Les cavaliers marchant en colonne par un, et à main droite sur l'un des grands côtés, l'instructeur commande :

Pour la demi-volte. — DEMI-VOLTE.

Chaque cavalier décrit un demi-cercle de la piste à la ligne du milieu, marche un pas sur cette ligne, exécute un demi-à-droite, et se dirige, par une diagonale, vers la piste, où il se redresse par un demi-à-gauche. Même mouvement à main gauche, puis au trot.

N° 10. — DEMI-TOURS.

Les cavaliers étant en colonne par un sur la ligne du milieu, l'instructeur commande :

Pour le demi-tour à droite (ou à gauche) individuel sur place. — DEMI-TOUR.

Chaque cavalier exécute un demi-tour sur le centre de gravité, comme il est prescrit pour le pivot dans les conversions à pivot fixe.

Les cavaliers étant en colonne par un sur l'un des grands côtés, l'instructeur commande :

Pour le demi-tour individuel sur les épaules. — DEMI-TOUR.

Chaque cavalier rassemble son cheval, augmente la pression de la jambe du dehors, en la portant en arrière, et élève un peu la main, de manière à fixer les épaules du cheval et à faire décrire aux hanches un demi-cercle autour des épaules.

Les cavaliers étant en colonne par un sur l'un des grands côtes, l'instructeur commande :

Pour le demi-tour individuel sur les hanches. — DEMI-TOUR.

Chaque cavalier rassemble son cheval, augmente la pression de la jambe du dehors pour contenir les hanches , et porte franchement la main en dedans, en assurant le haut du corps en arrière , de manière à faire décrire aux épaules un demi-cercle autour des hanches.

N° 11. — COURSE DE LA TÊTE.

Pour exercer les cavaliers à la course de la tête, on forme le peloton sur un rang et l'on fait mettre le sabre à la main. Une tête de toile, rembourrée de foin, est placée sur un chandelier, à soixante pas en avant du centre du peloton , l'instructeur commande :

Pour la course de la tête. — ROMPEZ.

Le cavalier de droite se met en mouvement au pas , se dirige vers la tête par une diagonale , prend le trot, et, au tiers du chemin , passe au galop. Dès que le cavalier est dans la direction du chandelier , il prend la position EN GARDE; puis celle du premier mouvement de : *en avant*, — SABREZ , et allonge progressivement l'allure. En arrivant à portée de la tête, qu'il laisse à sa droite, le cavalier la sabre verticalement, puis ralentit l'allure et va prendre sa place dans le rang qui se forme à 30 mètres au delà de la tête.

Dès que le cavalier a sabré la tête , il est remplacé par celui de droite du rang.

Pour familiariser les chevaux avec la vue des chandeliers et bien faire comprendre aux cavaliers le mouvement qu'ils ont à exécuter , l'instructeur le fait exécuter d'abord au pas , puis au trot. Il veille à ce que le cavalier conserve sa position , à ce qu'il n'emploie pas une force exagérée , et commence à donner son coup de sabre d'autant plus tôt que l'allure est plus vive. L'instructeur fait répéter la course en exécutant d'autres mouvements de l'exercice du sabre , et enfin désigne successivement des cavaliers dans le rang pour exécuter la course et appliquer le mouvement *quitter le rang*.

N° 12. — SAUT DU FOSSÉ ET DE LA BARRIÈRE.

Comme l'ordonnance n° 427. Le saut du fossé , de la barrière ou de la haie doit être exécuté en suivant une progression relative à la légèreté du cheval et à l'habileté du cavalier. On ne doit pas faire abus de cet exercice , mais le répéter assez souvent pour qu'il entre dans les habitudes des hommes et des chevaux.

N° 13. — TIR A LA CIBLE A BLANC.

Se conformer à l'instruction sur le tir, titre V , articles 4 et 5.

N° 14. — FAIRE QUITTER LE PELOTON PAR FILE.

L'instructeur fait quitter le peloton par file, en désignant à la fois tous les n⁰ˢ 1 ; lorsque ces files ont marché vingt pas, celles de la section de droite tournent à droite, celles de l'autre section tournent à gauche pour aller reprendre leur place dans le peloton, en passant par derrière les rangs. Le même mouvement est répété par tous les n⁰ˢ 2, par les n⁰ˢ 3 et enfin par les n⁰ˢ 4. On termine habituellement ainsi chaque séance et on fait mettre pied à terre à volonté quand les cavaliers sortent franchement du rang.

Le sous-instructeur et le serre-file se placent de manière à ne pas gêner le mouvement.

TITRE DEUXIÈME.

TRAVAIL INDIVIDUEL DES HOMMES

ADMIS A L'ÉCOLE DE L'ESCADRON.

Cette instruction s'applique exclusivement aux cavaliers des première et deuxième classes. Elle commence au 1er février de chaque année et, à partir de cette époque, toutes les fois qu'une troupe de cavalerie se réunira pour exécuter les écoles de peloton et de l'escadron, l'une des reprises sera toujours consacrée au travail individuel. Les instructeurs, en suivant la progression, feront répéter fréquemment les mouvements difficiles. Dans ce dernier cas, l'exécution sera d'abord démontrée à deux cavaliers, puis à tous à la fois, ainsi qu'il a été prescrit dans le travail individuel des recrues.

Les mouvements qui ne seraient pas exécutés pendant le cours d'une année seraient remis à l'année suivante, et l'on ne doit pas perdre de vue que cette instruction, applicable à toutes les armes, ne peut avoir l'immuabilité de l'ordonnance de 1829 ; qu'on ne doit pas s'y asservir d'une façon aussi absolue et qu'il appartient au discernement de l'instructeur de modifier les mouvements qu'elle prescrit en raison des dispositions locales, des différences de nature, de structure et de service des chevaux et de la fatigue résultant des mouvements d'ensemble. Les hommes de recrue admis à l'école de l'escadron, pendant le cours du travail des anciens cavaliers, seront réunis en une classe séparée, afin qu'ils n'apportent aucune cause de retard à l'instruction de ces derniers.

Les cavaliers dont l'instruction est le plus avancée seront ainsi exercés au travail individuel, de manière qu'ils soient amenés graduellement à exécuter, dans le cours d'une année, toute la série des exercices prescrits, en tenant compte des progrès acquis dans le travail des années précédentes.

Les cavaliers moins habiles ou récemment admis à l'école de l'escadron seront astreints à une progression plus lente, relative à leur degré d'instruction.

Ce travail est également mis en pratique par les lieutenants et sous-lieutenants lorsqu'ils montent ensemble au manége du 1er novembre au 1er février.

PREMIÈRE SÉRIE.

PROGRESSION.

1. *Doublé individuel.*
2. *Doublé par rang.*
3. *Changement de main par rang.*
4. *Travail au galop sur des lignes droites et en cercle.*
5. *Changement de pied, en changeant d'allure.*
6. *Course de la tête.*
7. *Saut du fossé et de la barrière.*
8. *Tir à la cible à blanc.*
9. *Charge individuelle.*

NOTA. — Les principes donnés pour le travail des recrues sont applicables à cette école.

Les mouvements 1, 2, 3, 6, 7 et 8 s'exécutent comme il est prescrit dans le travail des recrues.

N° 4. — TRAVAIL AU GALOP SUR DES LIGNES DROITES ET EN CERCLE.

L'instructeur répète avec plus d'exigence la leçon du galop donnée à l'école du cavalier, d'abord sur des lignes droites, puis sur des cercles dont on diminue progressivement le diamètre.

N° 5. — CHANGEMENT DE PIED EN CHANGEANT D'ALLURE.

L'instructeur fait prendre aux cavaliers 3 mètres de distance ; lorsque le galop est calme et régulier, il fait changer de main diagonalement et prescrit aux cavaliers de passer successivement au trot en arrivant à la piste à la nouvelle main pour repartir au galop, en tournant le premier coin.

N° 9. — CHARGE INDIVIDUELLE.

Comme l'ordonnance n°s 430, 431, 432.

DEUXIÈME SÉRIE.

PROGRESSION.

1. *Doublé successif par rang.*
2. *Tracer une piste intérieure.*
3. *Changement de main en tenant les hanches.*
4. *Changement de pied sans changer d'allure.*
5. *Volte successive.*
6. *Demi-volte successive.*
7. *Course de deux têtes.*
8. *Saut d'obstacles.*
9. *Tir à la cible à poudre.*
10. *Charge individuelle.*
11. *Faire quitter le peloton par file.*

Le peloton étant en bataille, l'instructeur fait rompre par deux, et conduit la colonne de manière à tracer la piste d'un grand carré. Après avoir dépassé le deuxième coin, en marchant à main droite, l'instructeur fait doubler successivement les n°s 1 et 3 pour former une deuxième colonne qui se règle avec celle composée des n°s 2 et 4. Le sous-instructeur et le serre-file se placent le dos tourné aux petits côtés du manége, se faisant face et à six pas en avant de la piste.

Dans ces mouvements successifs, l'instructeur usera du galop avec la plus grande réserve, de manière à ne point fatiguer les chevaux.

N° 1. — DOUBLÉ SUCCESSIF PAR RANG. (Pl. 5.)

Les conducteurs marchant sur les grands côtés et ayant chacun à parcourir une distance égale à la moitié de la largeur du carré pour se trouver à la même hauteur, l'instructeur commande :

Pour doubler par rang. —

Au deuxième rang. — DOUBLEZ.

Les cavaliers du deuxième rang, dans chaque colonne, doublent successivement dans la largeur, et entrent dans la colonne opposée, les n°s 1 à la place des n°s 2, les n°s 3 à la place des n°s 4.

Pour remettre tous les cavaliers à leur place de colonne, l'instructeur commande :

Au premier rang. — DOUBLEZ.

Les cavaliers du premier rang doublent successivement dans chaque colonne, de manière à prendre place réciproquement dans la colonne opposée.

Même mouvement à l'autre main, puis au trot et au galop.

N° 2. — TRACER UNE PISTE INTÉRIEURE. (Pl. 6.)

Pour combattre la routine des chevaux, l'instructeur fait tracer intérieurement, à 2 mètres de la piste, une autre piste par les cavaliers du deuxième rang et ceux du premier rang alternativement ; à cet effet, il commande :

Pour tracer une piste intérieure. —
Au deuxième rang. — PISTE INTÉRIEURE.

Tous les cavaliers du deuxième rang se portent à 2 mètres en dedans de la piste, et se maintiennent vis-à-vis de la place qu'ils occupaient. Les cavaliers du premier rang conservent leurs distances, et allongent un peu l'allure au passage des coins.

Pour remettre tous les cavaliers en colonne, l'instructeur commande :

RENTREZ A LA PISTE.

Même mouvement pour le premier rang, puis à l'autre main, au trot et au galop.

N° 3. — CHANGEMENT DE MAIN EN TENANT LES HANCHES.

Comme il est prescrit dans le travail des recrues.

N° 4. — CHANGEMENT DE PIED SANS CHANGER D'ALLURE.

Lorsque les cavaliers exécutent correctement les départs au galop sur l'un ou l'autre pied, l'instructeur fait ranger les colonnes et exécuter le changement de pied d'abord à deux cavaliers, puis à tous à la fois. Chaque cavalier étant au galop sur le pied droit, et terminant un changement de main diagonal, rassemble son cheval, assure le haut du corps en arrière à droite, porte la main de ce côté et ferme la jambe droite un peu plus en arrière que la gauche, jusqu'à ce que le cheval ait pris le galop sur le pied gauche.

Cet exercice est très-utile, pourvu qu'on n'en fasse pas abus, car il oblige le cavalier à sentir son cheval et à calculer ses actions. L'instructeur veille à ce que les chevaux se traversent le moins possible en changeant de pied.

N° 5. — VOLTE.

Les conducteurs étant près d'arriver au premier tiers des grands côtés, l'instructeur commande :

Pour la volte. — VOLTE.

Les conducteurs, suivis des autres cavaliers, décrivent une circonférence égale à la profondeur de la colonne et marchent large sans indication.

Même mouvement à l'autre main, puis au trot et au galop.

N° 6. — DEMI-VOLTE.

Les conducteurs étant près d'arriver aux deux tiers des grands côtés, l'instructeur commande :

Pour la demi-volte. — DEMI-VOLTE.

Les conducteurs, suivis des autres cavaliers, décrivent un demi-cercle entre la piste et la ligne du milieu, et rejoignent la piste à la main opposée par une diagonale.

Même mouvement à l'autre main, puis au trot et au galop. Lorsque l'on est au galop, chaque cavalier change de pied en rentrant à la piste.

N° 7. — COURSE DE DEUX TÊTES.

Le peloton étant sur un rang, on dispose un chandelier à 60 mètres en avant du centre du peloton, puis on établit un deuxième chandelier, à 30 mètres au delà du premier, et à 2 mètres à gauche de la direction du centre du peloton.

Le cavalier désigné, après avoir exécuté sur la première tête les mouvements *à droite*, — POINTEZ (OU SABREZ), exécute sur la deuxième tête les mouvements *à gauche*, — POINTEZ (OU SABREZ) et achève la course comme il est prescrit.

L'instructeur se place à la hauteur du deuxième chandelier, le sous-instructeur à la hauteur du premier, et le serre-file près des cavaliers pour les faire partir au moment prescrit et leur répéter ce qu'ils ont à faire.

N° 8. — SAUT D'OBSTACLES.

Comme il est prescrit au n° 12 du travail des recrues.

N° 9. — TIR A LA CIBLE A POUDRE.

Comme il est prescrit dans l'instruction sur le tir, titre V, article 6, et exécuter le tir de pied ferme et en marchant au pas. L'instructeur veille à ce que les cavaliers se portent franchement en avant après avoir fait feu et combattent la tendance des chevaux à s'acculer ou à se dérober aussitôt après la détonation. On exerce les cavaliers à passer le fusil à la grenadière (ou à mettre le pistolet dans la fonte) et à mettre le sabre à la main aussitôt après avoir fait feu.

N° 10. — CHARGE INDIVIDUELLE.

Le peloton étant sur un rang, on place un jalon ou un chandelier à soixante pas en avant du centre du peloton, pour indiquer la distance d'où les cavaliers doivent tirer et exécuter les feux à blanc, titre V. article 5.

A l'indication, ROMPEZ, le cavalier de droite sort du rang et fait haut le fusil ; à vingt pas plus loin, il passe au trot, puis au galop, allonge l'allure, prend la position du tireur à cheval, s'enlève sur les étriers et fait feu à gauche en arrivant à la hauteur du jalon.

Le cavalier, après avoir fait feu, ralentit l'allure, passe le fusil à la grenadière, met le sabre à la main et exécute le reste du mouvement comme il est prescrit dans l'ordonnance n° 430, en prenant le galop de charge à cent pas au delà du jalon.

L'instructeur fait exécuter le même mouvement en faisant feu du pistolet ; dans ce cas, le cavalier se conforme à ce qui est prescrit dans l'instruction sur le tir et continue la charge comme il est indiqué ci-dessus.

Dès que le cavalier a fait feu, il est remplacé par celui de droite du rang.

N° 11. — FAIRE QUITTER LE PELOTON PAR FILE.

Comme il est prescrit dans le travail des recrues.

TROISIÈME SÉRIE.

PROGRESSION.

1. *Changement de direction en sens inverse.*
2. *Demi-tours (sur place, sur les hanches, sur les épaules).*
3. *Marche oblique individuelle et en sens inverse.*
4. *Changement de direction individuel et en sens inverse.*
5. *Passer de la tête à la queue en sens inverse.*
6. *Course de trois têtes.*
7. *Saut d'obstacles.*
8. *Tir à la cible à poudre.*
9. *Charge individuelle.*
10. *Faire quitter le peloton par file.*

Le peloton étant en bataille, l'instructeur fait rompre par un, le serre-file se plaçant derrière le sous-instructeur.

N° 1. — CHANGEMENT DE DIRECTION EN SENS INVERSE (Pl. 7).

Le peloton marchant en colonne par un, l'instructeur commande :

Pour changer de direction en sens inverse. —
TOURNEZ A DROITE ET A GAUCHE.

Le sous-instructeur tourne à droite, le serre-file tourne à gauche sur le même terrain et ainsi successivement, les cavaliers du premier rang tournant à droite et ceux du deuxième rang à gauche, à mesure qu'ils arrivent sur le terrain où le sous-instructeur a tourné.

Lorsque le mouvement est terminé, l'instructeur commande :

Pour le demi-tour individuel à gauche et à droite. — DEMI-TOUR.

Les cavaliers des deux rangs exécutent respectivement un demi-tour, à la main indiquée, marchent à la rencontre les uns des autres et se mettent en colonne par un, la gauche en tête, dans le même sens qu'avant le mouvement.

Même mouvement la gauche en tête, puis au trot. Si le terrain ne permet pas de séparer tous les cavaliers sur une ligne droite, le sous-instructeur et le serre-file, suivis des autres cavaliers, changent de direction à droite et à gauche à l'indication qui en est faite.

N° 2. — DEMI-TOUR.

Les cavaliers ayant commencé un changement de direction en sens inverse, et ayant pris des distances doubles (de la tête à la tête), l'instructeur les arrête et les fait rétrograder en leur faisant exécuter des demi-tours sur place, sur les épaules ou sur les hanches, comme il est prescrit dans le travail des recrues.

N° 3. — MARCHE OBLIQUE INDIVIDUELLE ET EN SENS INVERSE. (Pl. 8.)

Les cavaliers marchant en colonne par un, l'instructeur commande :

Pour obliquer individuellement et en sens inverse. —
OBLIQUEZ A DROITE ET A GAUCHE.

Le sous-instructeur et les cavaliers du premier rang obliquent à droite, le serre-file et les cavaliers du deuxième rang obliquent à gauche.
A l'indication :

REDRESSEZ.

Tous les cavaliers se remettent en file et forment deux colonnes marchant parallèlement.

A l'indication :

OBLIQUEZ A GAUCHE ET A DROITE.

Chaque cavalier oblique et se redresse de manière à reprendre la place qu'il occupait dans la colonne par un.

Même mouvement à gauche et à droite, puis au trot.

N° 4. — CHANGEMENTS DE DIRECTION INDIVIDUELS ET EN SENS INVERSE. (Pl. 9.)

Les cavaliers marchant en colonne par un, l'instructeur commande :

Pour changer de direction individuellement et en sens inverse. —
TOURNEZ A DROITE ET A GAUCHE.

Le sous-instructeur et les cavaliers du premier rang tournent à droite, le serre-file et les cavaliers du deuxième rang tournent à gauche ; les deux rangs exécutent, en sens contraire, une marche en bataille à intervalles jusqu'à l'indication :

Pour le demi-tour individuel à droite et à gauche. — DEMI-TOUR.

Les cavaliers des deux rangs exécutent respectivement un demi-tour à la main indiquée, marchent à la rencontre les uns des autres et se reforment en colonne par un, à l'indication :

TOURNEZ A DROITE ET A GAUCHE.

Même mouvement à gauche et à droite, puis au trot et au galop.

N° 5. — PASSER DE LA TÊTE A LA QUEUE EN SENS INVERSE.

Les cavaliers marchant en colonne par un, l'instructeur commande :

Pour passer à la queue en sens inverse. — DEMI-TOUR A DROITE
ET A GAUCHE.

Le sous-instructeur et les cavaliers du premier rang exécutent successivement le mouvement prescrit à l'école du cavalier, n° 345, chaque cavalier faisant un demi-tour à dix pas plus loin que celui du deuxième rang qui le précédait ; le serre-file et les cavaliers du deuxième rang exécutent le mouvement de la même manière à main gauche.

Même mouvement à gauche et à droite, puis au trot et au galop.

N° 6. — COURSE DE TROIS TÊTES.

Le peloton étant sur un rang, on dispose deux chandeliers comme il est prescrit à la deuxième série, puis on établit un troisième chandelier à trente pas au delà du deuxième et vis-à-vis du centre du peloton. Le cavalier désigné exécute sur la première tête les mouvements : *à droite.* — POINTEZ (ou SABREZ); sur la deuxième tête les mouvements : *à gauche.* — POINTEZ (ou SABREZ); sur la troisième tête les mouvements : *en avant* (ou *en arrière*). — POINTEZ (ou SABREZ), et achève la course comme il est prescrit à la deuxième série.

L'instructeur se place à la hauteur du troisième chandelier, et le sous-instructeur à demi-distance du premier au deuxième.

N° 7. — SAUT D'OBSTACLES.

Comme il est prescrit à la deuxième série, les cavaliers ayant le sabre à la main.

N° 8. — TIR A LA CIBLE A POUDRE.

Se conformer à l'instruction sur le tir, titre V, article 6, de pied ferme, au pas et au galop.

L'instructeur insiste particulièrement, dans le tir *de pied ferme*, sur l'application rigoureuse des principes, afin d'inculquer aux cavaliers que ce tir doit être *le tir normal*, celui qui est le plus efficace et qui exige, au plus haut point, l'emploi des moyens d'équitation pour calmer le cheval et le rendre docile par l'accord intime des jambes et de la main.

N° 9. — CHARGE INDIVIDUELLE.

Comme il est prescrit à la deuxième série en exécutant les feux à poudre.

N° 10. — FAIRE QUITTER LE PELOTON PAR FILE.

Comme il est prescrit à la deuxième série.

QUATRIÈME SÉRIE.

Les mouvements de tirailleurs de l'ordonnance sont répétés, s'il est possible, dans des terrains accidentés en augmentant les distances et les intervalles. Pendant les feux, les cavaliers prennent la position du tireur à cheval, prescrite dans l'instruction sur le tir. On exerce les cavaliers à faire feu du pistolet dans la charge en fourrageurs, à faire des moulinets et à donner des coups de sabre.

Afin d'habituer les hommes et de dresser les chevaux à la mobilité nécessaire dans le service des tirailleurs, en donnant à l'instructeur toute facilité pour rectifier les fautes commises, les cavaliers peuvent être disposés ainsi qu'il suit :

Le peloton étant formé sur un rang et compté par quatre, l'instructeur met le peloton en marche, et fait successivement arrêter, à son indication, les numéros 4, 2, 3 et 1, de manière à disposer quatre rangs de six cavaliers à des distances d'environ 10 mètres les uns des autres. L'instructeur fait alors exécuter à la sonnerie du trompette, indistinctement aux trois allures et avec le sabre à la main, des à-droite, des à-gauche et des demi-tours, suivant les principes prescrits pour les tirailleurs. Il fait aussi traverser et intervertir les rangs en faisant avancer le dernier rang de six ou en faisant rétrograder le premier.

Pour faire traverser les rangs en commençant par le quatrième, le serre-file, à l'indication de l'instructeur, fait doubler l'allure aux cavaliers de ce rang. Ceux-ci traversent les intervalles des rangs qui précèdent, en conservant exactement leur direction et rasant la botte des cavaliers qui étaient à leur droite ou à leur gauche dans l'ordre de bataille. Le dernier rang de six, étant devenu premier, reprend la première allure, à l'indication du sous-instructeur.

Pour faire traverser les rangs, en commençant par le premier, le sous-instructeur, à l'indication de l'instructeur, fait exécuter un demi-tour à gauche sur place (ou sur les hanches), et doubler l'allure aux cavaliers de ce rang, et ceux-ci traversent les rangs comme il a été indiqué précédemment. Le premier rang de six, étant devenu dernier, reprend sa première allure, et se remet face en tête par un demi-tour à droite sur place (ou sur les hanches), à l'indication du serre-file.

Enfin, pour faire appliquer aux cavaliers-les principes qui leur ont été enseignés dans le travail individuel, l'instructeur les disperse dans tous les sens et dans une zone de terrain assez étendue, sans toutefois qu'ils soient hors de portée de sa surveillance.

A l'indication :

TRAVAIL A VOLONTÉ.

Les cavaliers se dispersent et se mêlent confusément ; ils travaillent en silence en évitant de se grouper et s'attachant à vaincre les difficultés qu'ils ont pu rencontrer précédemment. Ils s'exercent à manier leurs armes, se penchent à terre ou s'enlèvent sur les étriers, exécutent en un mot les mouvements qui peuvent développer leur agilité, leur adresse et leur habileté à conduire leurs chevaux.

L'allure à laquelle les cavaliers doivent travailler est indiquée par des sonneries.

A la sonnerie d'un demi-appel.

Les cavaliers se portent successivement vers les limites du terrain, font feu dans toutes les directions, s'attachant à bien ajuster et à rendre leurs chevaux très-calmes.

A un couplet du pas ordinaire.

Les cavaliers mettent pied à terre, habituent leurs chevaux à conserver l'immobilité devant eux, sans qu'il soit nécessaire de les tenir, répètent au besoin la leçon du montoir et montent à cheval à un couplet de la sonnerie à cheval.

A la sonnerie du ralliement des tirailleurs.

Les cavaliers mettent le sabre à la main et se rallient rapidement derrière leur chef de peloton.

Lorsque les chevaux sont très-dociles au montoir, l'instructeur peut aussi faire sonner le ralliement quand les cavaliers ont mis pied à terre. Dans ce cas, les cavaliers montent à cheval, mettent le sabre à la main et se rallient le plus promptement possible.

CINQUIÈME SÉRIE.

Le travail de cette série se compose de mouvements combinés de manière à entretenir la variété dans l'instruction, à multiplier l'action des aides et à révéler au cavalier toutes les ressources qu'il possède dans le maniement de ses armes, dans la vitesse et la franchise de son cheval.

Les hommes nouvellement admis à l'école de l'escadron, ou ayant manqué fréquemment à des séances d'instruction, composeront une classe séparée qui continuera d'être exercée au travail des quatre premières séries, de telle sorte que tous les cavaliers soient bien confirmés dans les exercices faciles avant de passer à d'autres plus variés, et que l'instruction des anciens cavaliers soit poussée activement sans être entravée par celle de retardataires.

PROGRESSION.

1. *Cercles individuels.*
2. *Volte individuelle.*
3. *Demi-volte individuelle.*
4. *Volte (ou demi-volte) individuelle et en sens inverse.*
5. *Cercle en sens inverse.*

6. *Demi-pirouettes.*
7. *Course de la tête à terre.*
8. *Saut d'obstacles et course des têtes.*
9. *Saut d'obstacles et tir au galop.*
10. *Tir au galop et course des têtes.*
11. *Saut d'obstacles, tir au galop et course des têtes.*
12. *Exercices divers.*

Le peloton étant en bataille, l'instructeur fait rompre par un, le serre-file se plaçant derrière le sous-instructeur.

N° 1. — CERCLE INDIVIDUEL.

Les cavaliers marchant en colonne par un, l'instructeur détermine le diamètre des cercles qu'il veut faire décrire. Ce diamètre peut être limité entre la piste suivie et un point désigné à l'avance ou figuré par la position que prend l'instructeur sur le flanc de la colonne.

L'instructeur commande :

Pour le cercle individuel à droite (ou à gauche). — EN CERCLE.

Les cavaliers décrivent ensemble, à main droite, des cercles du diamètre fixé, et se règlent alternativement à gauche et à droite pendant le mouvement jusqu'à l'indication :

MARCHEZ LARGE.

L'instructeur fait l'indication : MARCHEZ LARGE, lorsque le sous-instructeur est près de terminer un des cercles décrits.

Même mouvement à gauche, puis au trot et au galop.

N° 2. — VOLTE INDIVIDUELLE.

Les cavaliers marchant en colonne par un, l'instructeur commande :

Pour la volte individuelle à droite (ou à gauche). — VOLTE.

Les cavaliers décrivent ensemble un cercle du diamètre prescrit et marchent large sans indication.

Même mouvement à gauche, puis au trot et au galop.

N° 3. — DEMI-VOLTE INDIVIDUELLE.

Les cavaliers marchant en colonne par un, l'instructeur commande :

Pour la demi-volte individuelle à droite (ou à gauche). —
DEMI-VOLTE.

Les cavaliers décrivent ensemble un demi-cercle du diamètre fixé, marchent un pas en avant, exécutent un demi-à-droite et se redressent par un demi-à-gauche en arrivant à la piste que suivait la colonne avant le mouvement.

Même mouvement à gauche, puis au trot, au pas en tenant des hanches sur la ligne diagonale qui termine la demi-volte, et enfin au galop, en changeant de pied à la fin du mouvement.

N° 4. — VOLTE (OU DEMI-VOLTE) INDIVIDUELLE ET EN SENS INVERSE.
(Pl. 10 et 11.)

Les cavaliers marchant en colonne par un, l'instructeur commande :

Pour la volte (ou la demi-volte) individuelle à droite et à gauche.
— VOLTE (OU DEMI-VOLTE).

Les cavaliers dans chaque rang se conforment respectivement à ce qui est prescrit pour exécuter, le premier rang une volte (ou demi-volte), à main droite, et le deuxième rang une volte (ou demi-volte) à main gauche.

Même mouvement à gauche et à droite, puis au trot et au galop.

N° 5. — CERCLES EN SENS INVERSE.

Les cavaliers marchant en colonne par un, et décrivant à main droite une circonférence égale à la profondeur de la colonne, l'instructeur commande :

Au deuxième rang. — Pour le cercle à gauche. — EN CERCLE.

Les cavaliers du deuxième rang, conduits par le serre-file, se mettent successivement en cercle à gauche, et tous les cavaliers prennent des distances doubles (de la tête à la tête).

Lorsque les conducteurs sont près d'arriver au point où les cercles se touchent, l'instructeur commande :

Pour changer de cercle. — CHANGEZ DE CERCLE. (Pl. 12.)

Les cavaliers du premier rang prennent la piste parcourue par ceux du deuxième rang et réciproquement, chaque cavalier du deuxième rang passant derrière son chef de file.

Pour remettre les cavaliers sur un seul cercle, l'instructeur commande :

RÉUNISSEZ LES CERCLES.

Les cavaliers du deuxième rang, conduits par le serre-file, reprennent successivement leurs places dans la colonne composée des cavaliers du premier rang.

Même mouvement au trot et au galop.

Nᵒ 6. — **DEMI-PIROUETTES (OU DEMI-TOUR SUR LES HANCHES).**

Les cavaliers étant en colonne par un, l'instructeur commande :

Pour le demi-tour à droite (ou à gauche) sur les hanches. — DEMI-TOUR.

Chaque cavalier exécute un demi-tour sur les hanches, comme il est prescrit à la troisième série.

Même mouvement à gauche pour remettre les cavaliers dans l'ordre naturel, puis en marchant aux trois allures.

La colonne étant en marche, chaque cavalier arrête d'abord son cheval, se conforme à ce qui est prescrit pour faire demi-tour sur les hanches, repart sans indication, à l'allure à laquelle il marchait précédemment et dans la direction opposée. Lorsque le mouvement s'exécute au galop, le cavalier part sur l'autre pied après le demi-tour.

Nᵒ 7. — **COURSE DE LA TÊTE.**

Pour exercer les cavaliers à la course de la tête à terre, on forme le peloton sur un rang et l'on fait mettre le sabre à la main. Une tête en fil de fer recouverte de papier est placée sur un monticule en terre, à 60 mètres en avant du centre du peloton.

L'instructeur commande :

Pour la course de la tête. — ROMPEZ.

Le premier cavalier de droite se met en mouvement au pas, se dirige sur la tête en suivant une diagonale, prend le trot et au tiers du chemin passe au galop. Dès que le cavalier est dans la direction de la tête, il prend la position : EN GARDE, exécute quelques moulinets et allonge progressivement l'allure. En arrivant à la portée de la tête qu'il laisse à sa droite, le cavalier se baisse le plus possible, sans déranger la main de la bride et pointe la tête à terre, le pouce allongé sur le dos de la poignée, la lame horizontale, le tranchant en dessous. Après avoir dépassé la tête, le cavalier se redresse, élève le bras droit de toute sa longueur, ralentit l'allure et va prendre sa place dans le rang qui se forme à 30 mètres au delà de la tête. En arrivant dans le rang, le cavalier dépose la tête qu'il a prise et remet le sabre.

Dès que le cavalier a pointé la tête, il est remplacé par le cavalier de droite du rang.

Pour familiariser les chevaux avec la vue des têtes et bien faire comprendre aux cavaliers les détails de la position qu'ils doivent prendre, l'instructeur fait d'abord exécuter la course au pas, puis au galop. Il se place près de la tête pour mieux remarquer et corriger les fautes.

N° 8. — SAUT D'OBSTACLES ET COURSE DES TÊTES.

On forme le peloton sur un rang à 30 mètres en arrière de l'obstacle (haie ou fossé), et l'on fait mettre le sabre à la main. Une tête à terre ou sur un chandelier est placée à 30 mètres au delà de l'obstacle, et les cavaliers exécutent successivement la course en se conformant à ce qui est prescrit pour chacun de ces exercices isolément.

N° 9. — SAUT D'OBSTACLES ET TIR AU GALOP.

On forme le peloton sur un rang à 30 mètres en arrière de l'obstacle (haie ou fossé) et l'on fait charger les armes à poudre.

Un jalon est placé à 30 mètres au delà de l'obstacle et indique la distance d'où les cavaliers doivent tirer.

A l'indication :

ROMPEZ.

Le cavalier de droite sort du rang, fait haut le fusil, se dirige sur l'obstacle et le franchit. Après avoir sauté, le cavalier allonge l'allure, prend la position du tireur à cheval, s'enlève sur les étriers et fait feu à gauche en arrivant à hauteur du jalon, puis il se remet en selle, fait haut le fusil, ralentit l'allure et va prendre sa place dans le rang qui se forme à 30 mètres au delà du jalon.

Les cavaliers sont exercés aussi à faire feu avec le pistolet à droite, à gauche et en arrière en se conformant à ce qui est prescrit dans l'instruction sur le tir. Dès que le cavalier a franchi l'obstacle, il est remplacé par celui de droite du rang.

N° 10. — TIR AU GALOP ET COURSE DES TÊTES.

Le peloton étant sur un rang, on place un jalon à 60 mètres au delà du centre du peloton, une tête à terre ou sur un chandelier à 100 mètres au delà du jalon, et l'on fait charger les armes à poudre.

A l'indication :

ROMPEZ.

Le cavalier de droite sort du rang et exécute le tir au galop comme il est prescrit au n° 10 de la deuxième série. Après avoir fait feu, le cavalier ralentit l'allure, passe le fusil à la grenadière ou le pistolet dans la fonte, met le sabre à la main et exécute la course des têtes comme il a été prescrit précédemment.

Dès que le cavalier a fait feu, il est remplacé par celui de droite du rang.

N° 11. — Saut d'obstacles, tir au galop et course des têtes. (Pl. 13.)

Les mouvements exécutés précédemment sont répétés dans une seule course dont les exercices sont présentés ainsi qu'il suit :

Le peloton est formé sur un rang à 30 mètres en arrière d'un fossé.

On place un jalon à 30 mètres au delà du fossé pour indiquer la distance d'où les cavaliers doivent tirer, à gauche avec le fusil (ou le pistolet) ou à droite avec le pistolet, puis une tête à hauteur d'homme à 100 mètres au delà du jalon sur laquelle les cavaliers doivent exécuter les mouvements : *en avant* (ou *en arrière* ou *à droite*) — POINTEZ (OU SABREZ). On place une deuxième tête à 30 mètres plus loin et un peu à gauche, sur laquelle les cavaliers exécutent le mouvement *à gauche* POINTEZ (*ou* SABREZ), une haie à 30 mètres au delà de la tête et enfin une tête à terre à 30 mètres au delà de la haie.

Lorsque les cavaliers exécutent la course, en faisant feu du pistolet, la distance du fossé au jalon peut être réduite à 50 mètres, et si les dimensions du terrain ne permettent pas de disposer les têtes et les obstacles en ligne droite, la course se termine sur une ligne brisée à l'extrémité du terrain.

N° 12. — Exercices divers. (Pl. 14.)

Le travail prescrit à la quatrième série du titre II est répété par tout l'escadron ainsi qu'il suit :

L'escadron marchant en bataille, le capitaine en second, à l'indication qui lui en est faite, fait arrêter successivement les n°ˢ 4, 2, 3 et 1 du deuxième rang comme il est prescrit pour le serre-file à la quatrième série. Le capitaine-commandant fait arrêter de la même manière les cavaliers du premier, et, le mouvement terminé, l'escadron est formé sur huit rangs de douze cavaliers à des distances de 10 mètres les uns des autres. Les serre-file se placent : le guide principal de gauche à un pas derrière le centre du huitième rang, et successivement de la même manière, derrière les rangs qui précèdent, le serre-file du deuxième peloton, celui du troisième et celui du premier peloton.

Les chefs de peloton se placent :

Celui du quatrième peloton à un pas en avant du centre du quatrième rang, et successivement, devant les rangs qui précèdent, le chef du deuxième peloton, celui du troisième et enfin le chef du premier peloton.

L'escadron étant ainsi disposé, le capitaine-commandant fait exécuter à la sonnerie du trompette, indistinctement aux trois allures et avec le sabre à la main, des à-droite, des à-gauche et des demi-tours. Pour faire traverser et intervertir les rangs, le capitaine-commandant fait avancer le dernier rang de douze ou rétrograder le premier, comme il a été prescrit au travail de la quatrième série. Les chefs de peloton et les serre-file suivent les mouvements de leurs rangs respectifs, se conforment à ce qui a été indiqué pour le sous-instructeur et le serre-file, et rectifient à voix basse les fautes commises, sans être tenus de conserver strictement la place qui leur est assignée.

A l'indication :

TRAVAIL A VOLONTÉ.

L'escadron se disperse dans toutes les directions, est exercé comme il est prescrit à la quatrième série, et se reforme, derrière le capitaine-commandant, à la sonnerie du ralliement général.

Afin d'apprendre aux cavaliers à faire usage de leur sabre, sans cesser de conduire leurs chevaux avec régularité, les mouvements de travail individuel sont répétés ainsi qu'il suit :

Dans les voltes individuelles, dès que les cavaliers tournent le dos à la piste, ils exécutent le mouvement :

En arrière. — POINTEZ ET SABREZ.

Et en rentrant à la piste, ils exécutent le mouvement :

A droite. — POINTEZ ET SABREZ.

L'instructeur prescrit des mouvements analogues dans les demi-voltes individuelles.

Dans les voltes ou demi-voltes en sens inverse, les cavaliers du premier rang, en se séparant de ceux du deuxième, exécutent des coups de sabre et coups de pointe en arrière, et ceux du deuxième rang, des moulinets. En se faisant face pour rentrer à la piste, les cavaliers du premier rang prennent la position :

En avant. — SABREZ.

Et ceux du deuxième rang, la position :

Pour la tête. — PAREZ.

Pour exercer l'escadron entier au maniement des armes, l'escadron étant en bataille, le capitaine-commandant commande :

*Pour l'exercice du sabre (ou de la lance). — Dans chaque peloton,
par la gauche, par un.* — MARCHE.

Les cavaliers, dans chaque peloton, rompent en colonne par un, en prenant, pour l'exercice du sabre, trois pas de distance, et, pour celui de la lance, cinq pas.

A la sonnerie, *à droite*; et à celle *halte*, les cavaliers font un à-droite et arrêtent.

Le capitaine-commandant fait alors exécuter à son commandement les différents mouvements de l'exercice du sabre ou de la lance.

Pour reformer l'escadron en bataille, le capitaine-commandant remet les cavaliers en colonne par un, à la sonnerie *à gauche*, et fait reformer les pelotons.

Ce mouvement peut s'exécuter de la même manière par tout le régiment, au commandement du colonel.

Lorsque les chevaux sont devenus dociles, et que les hommes ont acquis l'habitude et le goût du cheval qui garantissent les bons traitements du cavalier envers sa monture, on peut parfois affranchir un cavalier de la surveillance immédiate de ses chefs en lui laissant parcourir une certaine distance isolément. A cet effet, le capitaine-commandant, en se rendant sur le terrain d'exercices, prescrit à tour de rôle à des cavaliers de se détacher de la colonne, et de se diriger sagement sur le terrain par des sentiers détournés et tour à tour pierreux ou effondrés ou montueux, etc., etc.

Lorsque la colonne est en marche, le capitaine-commandant ordonne à des cavaliers de s'arrêter et de mettre pied à terre comme pour visiter la ferrure ou rectifier le harnachement. Dans ce cas, le cavalier se tourne du côté opposé à la colonne, met pied à terre, calme son cheval, et se remet en selle pour reprendre sa place à une allure modérée.

Le capitaine-commandant envoie aussi des cavaliers à une certaine distance sur les flancs de la colonne, en avant ou en arrière comme pour porter des ordres; il leur fait de temps à autre prendre les rênes dans la main droite, pour les habituer à conduire leurs chevaux avec cette main; il les exerce, en un mot, à tout ce qui peut être d'une utile application pour la conduite du cheval. Le capitaine-commandant peut encore faire prendre, dans la colonne, des distances de 10 mètres entre chaque rang de quatre, et exige que ces distances soient exactement observées à toutes les allures. Les cavaliers se règlent du côté du guide, dans chaque rang de quatre, et se conforment au mouvement des cavaliers de même numéro du rang qui les précède.

La colonne marchant au trot, le capitaine-commandant fait allonger l'allure, sans toutefois mettre les chevaux hors de leur aplomb, et fait connaître aux sous-officiers ou brigadiers le temps employé à franchir les distances itinéraires marquées sur la route, pour leur apprendre à apprécier les distances ou la durée d'un trajet au moyen de la vitesse de leurs chevaux.

Pour exercer les cavaliers à maîtriser les chevaux ardents ou à exciter les chevaux froids, le capitaine-commandant prescrit au n° **1** du premier rang de quatre d'allonger l'allure jusqu'à ce qu'il ait devancé son rang de la distance de 10 pas. Tous les n°s 1 de la colonne exécutent successivement le même mouvement jusqu'à ce qu'ils aient remplacé le cavalier de même numéro dans le rang qui les précédait. Lorsque l'ordre est rétabli et que les rangs de quatre sont bien formés, on fait exécuter le même travail aux n^{os} **3**, puis aux n^{os} **2**, et enfin aux n^{os} **4**. On peut aussi faire ralentir l'allure et exécuter le mouvement contraire en commençant par le même cavalier de façon que tous les cavaliers se trouvent placés successivement à la distance de 10 pas en arrière de leur rang. Enfin ces deux mouvements peuvent être combinés en faisant, en même temps, allonger l'allure aux n^{os} **1** et ralentir l'allure aux n°s 3 de façon que les uns prennent place dans le rang qui précède et les autres dans celui qui suit.

Pendant ce travail, les officiers et les serre-file, échelonnés sur les flancs de la colonne, veillent à ce que les distances prescrites soient observées, à ce que les accélérations d'allures ne dégénèrent pas en luttes de vitesse et à ce que les cavaliers prennent un peu d'aisance sans s'abandonner et sans cesser de conduire leurs chevaux avec régularité. Si les localités le permettent, l'escadron est conduit dans un terrain accidenté où les cavaliers puissent appliquer les principes à observer pour gravir ou descendre une pente rapide, pour franchir des obstacles naturels, pour traverser des haies vives, pour soutenir les chevaux sujets à faire des fautes sur un sol coupé de sillons, parsemé de pierres et d'inégalités quelconques. Les cavaliers sont exercés, en outre, à pointer ou sabrer des têtes éparpillées sur le terrain, à se lancer à un galop rapide et à faire volte-face par un demi-tour sur les hanches. Les instructeurs questionnent fréquemment les cavaliers sur les instructions qu'ils ont reçues et leur font estimer des distances, à la simple vue, au moyen de la distinction nette ou confuse de certains détails de l'équipement ou de l'armement. Ils stimulent l'amour-propre des hommes en comparant l'intelligence ou la vigueur de quelques-uns d'entre eux et les engagent dans des exercices où ils puissent déployer leur adresse. Ils désignent, par exemple, deux cavaliers pour simuler un combat corps à corps et prescrivent à l'un d'eux de courir après l'autre jusqu'à un signal convenu. Ce dernier cherche à échapper à son adversaire à un galop modéré en faisant des détours imprévus, en franchissant un obstacle ou en pirouettant autour d'un troisième cavalier. On apprend aux deux cavaliers à s'aborder de la façon la plus avantageuse pour l'escrime du sabre, c'est-à-dire à présenter toujours le côté droit à leur adversaire pendant qu'ils cherchent à gagner le côté gauche.

Enfin les cavaliers sont familiarisés avec tous les exercices applicables à la guerre, et leur instruction est constamment dirigée, aussi bien en vue de les faire manœuvrer avec précision, que de les rendre complétement maîtres de leurs chevaux et habiles à manier leurs armes à toutes les allures.

TITRE TROISIÈME.

INSTRUCTION SPÉCIALE

POUR LES LANCIERS.

Afin d'apporter à l'exercice de la lance tout le soin et la méthode qu'exige l'emploi habile et raisonné de cette arme, les lanciers sont préparés d'abord, dans l'intérieur d'un carré, à exécuter, avec la lance, les courses prescrites avec le sabre en carrière libre.

Cette instruction préparatoire a pour but de rendre les premiers exercices plus faciles en faisant travailler sur des pistes tracées à l'avance, et de bien faire connaître aux cavaliers les différentes distances qu'ils doivent laisser entre eux et le but à atteindre, selon les différents coups de lance qu'ils doivent porter. Ces exercices précèdent l'exécution du travail de la deuxième série du titre 1er, et sont applicables aux anciens et aux jeunes soldats. Un matériel spécial est destiné à supporter les coups de pointe ou parades de la lance, afin que les cavaliers puissent faire une juste application des principes qui leur sont donnés. Ce matériel se compose de deux objectifs ou têtes mobiles pour les coups de pointe, d'un objectif ou mannequin pour les parades et d'un tampon adapté à la pointe de la lance.

Les objectifs sont placés à 1 mètre de la piste pour les coups de pointe en avant, en arrière ou à terre ; à 2 mètres de la piste pour les coups de pointe à droite ou en arrière à droite ; à 1 mètre 1/2 pour les coups de pointe en arrière à gauche, à gauche et pour les parades. Les têtes mobiles sur chandeliers sont fixées à des hauteurs différentes, de manière à figurer la hauteur d'un homme à cheval ou à pied, debout ou accroupi. L'instructeur fait décomposer, de pied ferme et successivement par chaque cavalier, sur les objectifs convenablement disposés, chacun des

mouvements compris dans les trois séries qui suivent (les lances sont
garnies du tampon) :

PREMIÈRE SÉRIE.

Coups de pointe en avant.
Coups de pointe à droite.
Coups de pointe à gauche.
Coups de pointe à terre (en arrière à gauche lances).

DEUXIÈME SÉRIE.

Coups de pointe en arrière.
Coups de pointe en arrière à droite.
Coups de pointe à terre (en arrière à droite lances).
Coups de pointe en arrière à gauche.

TROISIÈME SÉRIE.

Parades à droite.
Parades à gauche.
Moulinets.

Lorsque ces mouvements sont bien exécutés de pied ferme, l'instructeur
forme le peloton sur un rang dans l'intérieur du carré et les fait répéter
en marchant d'abord au pas, puis au trot et enfin au galop. L'instructeur
fait remarquer aux cavaliers qu'en marchant aux différentes allures,
l'impulsion du cheval peut suppléer à la force qu'ils auraient à déployer
de pied ferme, que la détente du bras doit être d'autant plus faible que
l'allure est plus rapide et le but plus rapproché de la direction suivie, et
que les coups doivent être portés d'autant plus tôt et avec d'autant plus
de célérité que la vitesse du cheval est plus grande. Le matériel est disposé de la manière suivante :

Trois têtes mobiles sur chandeliers sont placées : la première au tiers
du grand côté, qui est à droite du peloton à partir du petit côté opposé
et à 1 mètre de la piste; la deuxième tête aux deux tiers du même côté
à 2 mètres de la piste; enfin la troisième tête vis-à-vis de la première,
sur le grand côté opposé, et à 1 mètre 50 centimètres de la piste. La tête
à terre est placée vis-à-vis de la deuxième tête, sur le grand côté opposé
et à 1 mètre de la piste.

Enfin, deux mannequins sont disposés sur les points qui divisent en parties égales la ligne diagonale qui joint les deux angles opposés du carré, à partir de l'angle voisin de la première tête.

PREMIÈRE SÉRIE.

A l'indication :

Pour la course des têtes. — ROMPEZ. (Pl. 15.)

Le cavalier de droite sort du rang et se dirige, par une diagonale, de manière à suivre la piste à main droite : en y arrivant, il prend le trot, et au premier coin, il passe au galop. En passant le petit côté opposé à son rang, le cavalier porte et croise la lance ; en arrivant à la hauteur de la première tête, il exécute le mouvement : *en avant,* — POINTEZ ; en arrivant à la hauteur de la deuxième tête, il exécute le mouvement : *à droite,* — POINTEZ. Le cavalier passe derrière le rang et change de main diagonalement ; en arrivant à la hauteur de la troisième tête, il exécute le mouvement : *à gauche,* — POINTEZ, et prend la position : *en arrière à gauche,* — LANCES ; en arrivant à la hauteur de la tête à terre, il exécute le mouvement : *à terre,* — POINTEZ, puis il porte la lance, passe au pas, et va prendre la place qu'il occupait dans le rang en passant par derrière.

Dès que le cavalier a terminé son changement de main diagonal, il est remplacé par celui qui était à gauche dans le rang.

DEUXIÈME SÉRIE.

A l'indication :

Pour la course des têtes. — ROMPEZ.

Le cavalier de droite sort du rang et se dirige, par une diagonale, de manière à suivre la piste à main droite ; en y arrivant, il prend le trot, et au premier coin, il passe au galop. En passant le petit côté opposé à son rang, le cavalier porte, croise la lance et prend la position : *en arrière à droite,* — LANCES ; en arrivant à la hauteur de la première tête, il exécute le mouvement : *en arrière,* — POINTEZ ; en arrivant à la hauteur de la deuxième tête, il exécute le mouvement : *en arrière à droite,* — POINTEZ. Le cavalier passe derrière le rang ; en arrivant à la hauteur de la tête à terre, il exécute le mouvement : *à terre,* — POINTEZ, et change de main diagonalement.

En passant le petit côté opposé au rang, le cavalier prend la position : *en arrière à gauche*, — LANCES; en arrivant à la hauteur de la troisième tête, il exécute le mouvement : *en arrière à gauche*, — POINTEZ, puis il porte la lance, passe au pas et va reprendre la place qu'il occupait dans le rang, en passant par derrière.

Dès que le cavalier a terminé son changement de main diagonal, il est remplacé par celui qui était à sa gauche dans le rang.

TROISIÈME SÉRIE.

A l'indication :

Pour la course des têtes. — ROMPEZ.

Le cavalier de droite sort du rang et se dirige, par une diagonale, de manière à suivre la piste à main droite; en y arrivant, il prend le trot, et au premier coin, il passe au galop. En passant le petit côté opposé au rang, le cavalier porte et croise la lance; en arrivant sur le grand côté, il change de main diagonalement, de manière à passer à 1 mètre 1/2 du premier mannequin et à 1 mètre 1/2 à droite du deuxième. En arrivant à la hauteur du premier mannequin, le cavalier exécute le mouvement : PAREZ A DROITE; en arrivant à la hauteur du deuxième mannequin, il exécute le mouvement : PAREZ A GAUCHE. Le cavalier passe derrière le rang, change de main diagonalement et exécute sur la diagonale les mouvements : *par moulinet en avant*, — LANCES; *par moulinet en arrière à gauche*, — LANCES; *et en arrière à droite*, — LANCES.

En passant le petit côté opposé, le cavalier porte la lance, passe au pas en arrivant à la hauteur du rang, et va reprendre la place qu'il occupait dans le rang en passant par derrière.

Dès que le cavalier a terminé son deuxième changement de main diagonal, il est remplacé par celui qui était à sa gauche dans le rang. Pendant ce travail, le sous-instructeur et le serre-file se placent chacun vis-à-vis le milieu de l'un des grands côtés, faisant face à la piste que doivent suivre les cavaliers.

L'instructeur se porte partout où il juge sa présence nécessaire.

Lorsque les lanciers exécutent correctement les trois séries de mouvements indiquées ci-dessus, ils sont admis à exécuter les diverses courses des têtes, en appliquant avec la lance ce qu'ils auront préalablement exécuté avec le sabre. Les distances fixées pour l'emplacement des objectifs de la lance sont les mêmes que celles fixées pour l'emplacement des chandeliers, les coups de sabre étant remplacés par les parades, et les coups de pointe se pratiquant d'une manière analogue avec les deux armes.

Les cavaliers, dans ces différentes courses, se dirigent de manière à ne passer ni trop près ni trop loin des objectifs qu'ils doivent frapper, et déploient une force modérée dans les différents mouvements, afin de ne pas déranger la direction du cheval par la réaction d'un choc trop violent ou par l'élan d'un coup qui viendrait à manquer le but.

TITRE QUATRIÈME.

EXERCICES DU CARROUSEL.

Les mouvements du carrousel ne font pas partie du programme d'instruction applicable à tous les cavaliers, mais ils doivent être considérés comme des exercices militaires propres à occuper les loisirs que laisseraient des travaux plus sérieux et dans lesquels des cavaliers choisis sont admis à rivaliser d'adresse à manier leurs armes, de bonne tenue à cheval et d'habileté à exécuter des figures de manège plus ou moins variées.

Ces exercices sont exécutés de préférence dans les circonstances où la solennité peut exciter l'émulation des hommes de troupe et flatter leur amour-propre, de telle sorte que le choix des cavaliers pour le carrousel soit considéré comme une récompense décernée à ceux qui ont passé avantageusement par toutes les épreuves de l'instruction réglementaire.

Le carrousel est divisé en trois parties qui doivent être exécutées, autant que possible, par trois escadrons différents.

Chaque escadron est composé de quarante-huit files, sans guides particuliers ni serre-file.

Afin de faire mieux comprendre les mouvements, le capitaine-commandant les fait d'abord exécuter en les décomposant, puis au pas et enfin aux allures vives.

Toutes les fois que des colonnes se croisent, les cavaliers qui se trouvent du côté extérieur exécutent des moulinets et les autres cavaliers prennent la position de : *comme deuxième rang*, — HAUT LE SABRE.

Toutes les fois que des colonnes décrivent des cercles concentriques, les cavaliers qui se trouvent sur le cercle intérieur remettent le sabre et tirent successivement des coups de pistolet.

PREMIÈRE SÉRIE.

L'escadron étant en bataille et le sabre à la main, pour le conduire dans la carrière, le capitaine-commandant commande :

Par le centre par quatre. — MARCHE.

Au premier commandement, le chef de la première division commande :

Par la gauche par deux.

Le chef de la deuxième division commande :

Par deux.

Les quatre cavaliers du centre du premier rang de l'escadron se portent à dix pas en avant, font haut le pistolet et forment une avant-garde.

Au commandement :

MARCHE.

répété par les chefs de division, les deux divisions rompent par la gauche et par la droite et se dirigent, chacune, de manière à entrer dans la carrière par les deux points opposés de la ligne du milieu, la première division pour marcher à main droite et la deuxième à main gauche.

PREMIER MOUVEMENT. (Pl. I.)

En entrant dans la carrière, les cavaliers d'avant-garde font feu ; le capitaine-commandant va saluer la personne à qui l'on doit rendre les honneurs, et les deux colonnes suivent la piste de manière à pouvoir se ranger en bataille du côté qui fait face à la tribune d'honneur.

Les deux colonnes arrivant à 10 mètres l'une de l'autre, le capitaine-commandant commande :

A droite et à gauche en bataille. — MARCHE. — HALTE.
A GAUCHE ET A DROITE ALIGNEMENT. — FIXE.

La première division se forme à droite en bataille et la deuxième à gauche en bataille sur les cavaliers d'avant-garde qui se sont placés de manière à servir de base à la formation.

Le capitaine-commandant commande HALTE, de manière que l'escadron soit formé, en arrière de la ligne du milieu, à une distance égale au front d'un peloton.

L'escadron étant en bataille, le capitaine commande :

Division à droite et à gauche. — MARCHE. — EN AVANT.

Chaque division exécute une conversion à pivot fixe, et celle-ci étant terminée, leurs chefs commandent d'eux-mêmes :

Par quatre au trot. — MARCHE.

Chaque division rompt par quatre en doublant l'allure, et les deux colonnes tournent à gauche en arrivant à la piste.

DEUXIÈME MOUVEMENT.

Les colonnes marchent au trot, et la tête de chacune d'elles étant près d'arriver vers le tiers des grands côtés, le capitaine-commandant commande :

En cercle à gauche. — MARCHE. (Pl. II.)

Au premier commandement, les numéros 3 et 4 des quatre derniers rangs de quatre arrêtent et prennent la queue de la colonne composée des numéros 1 et 2.

Au commandement :

MARCHE.

Les chefs de peloton se dirigent de manière à décrire, dans chaque division, deux cercles concentriques d'une circonférence égale à la profondeur de leur colonne.

Lorsque les chefs des deux cercles extérieurs sont près de terminer **un** des cercles décrits, le capitaine-commandant commande :

Changez de cercle. (Pl. III.)

Les chefs des premier et troisième pelotons marchent à la rencontre l'un de l'autre, se laissent mutuellement à droite et décrivent à main droite des cercles concentriques à ceux décrits par les chefs des quatrième et deuxième pelotons.

Pour remettre les cavaliers à la même main, le capitaine-commandant fait changer de cercle de nouveau, suivant les mêmes principes, et lorsque les chefs de peloton sont près de terminer un des cercles décrits, il commande :

EN AVANT.

Les chefs de peloton se dirigent vers la piste des grands côtés; les numéros 3 et 4, passés à la queue de la colonne composée des numéros 1 et 2, reprennent la place qu'ils occupaient dans la colonne **par** quatre, et, le mouvement terminé, les deux divisions marchent à main gauche en colonne par quatre.

TROISIÈME MOUVEMENT. (Pl. IV et V.)

Les deux colonnes marchant au galop à main gauche, le capitaine-commandant fait prendre 2 mètres de distance, et alors les chefs des deuxième et quatrième pelotons passent à la queue de la colonne.

Lorsque les deux colonnes sont sur les grands côtés, il commande :

Dans chaque rang de quatre, — par file à gauche. — MARCHE.

Au commandement :

MARCHE.

Les numéros 4 tournent ensemble à gauche en allongeant l'allure, tous les autres cavaliers ralentissent l'allure et font successivement un à gauche, de manière à se mettre en file derrière le cavalier qui était à leur gauche. En arrivant à la piste opposée, les numéros 4 tournent à gauche et ralentissent l'allure jusqu'à ce que les numéros 1 soient arrivés à leur hauteur ; tous les autres cavaliers, dans chaque file, font successivement un à gauche, de manière à se former à la gauche du cavalier qui était devant eux.

Le capitaine-commandant fait répéter le même mouvement pour remettre la colonne dans l'ordre naturel, fait serrer à 2/3 de mètre de distance, et alors les chefs des deuxième et quatrième pelotons passent en tête de la colonne.

QUATRIÈME MOUVEMENT.

Les deux colonnes marchant au trot et la tête de chacune d'elles étant près d'arriver vers le tiers des grands côtés, le capitaine-commandant commande :

Par deux, en cercle à gauche. — MARCHE. (Pl. VI.)

Au premier commandement, les numéros 2 et 4 des quatre derniers rangs de quatre arrêtent et prennent la queue de la colonne composée des numéros 1 et 3.

Au commandement :

MARCHE.

Les chefs de peloton se dirigent de manière à décrire, dans chaque division, deux cercles rapprochés, d'une circonférence égale à la profondeur de leur colonne. Les centres des cercles décrits par les colonnes conduites par les chefs des premier et troisième pelotons, sont situés sur la ligne qui joint le milieu des grands côtés ; les centres des cercles décrits par les colonnes conduites par les chefs des deuxième et quatrième pelotons, sont situés sur la ligne du milieu.

Les quatre cercles ainsi décrits sont symétriquement disposés autour du point milieu de la carrière et éloignés les uns des autres d'environ quatre pas.

Les cercles décrits par les numéros 2 et 4 sont concentriques à ceux décrits par les numéros 1 et 3.

Le chef du troisième peloton se règle sur celui du premier, et, dans chaque division, le chef du deuxième ou quatrième peloton se règle sur celui du premier ou troisième peloton.

Lorsque le chef du premier peloton est près de terminer un des cercles décrits, et les conducteurs de chaque cercle étant réglés, le capitaine-commandant commande :

CHANGEZ DE CERCLE. (Pl. VII.)

Les chefs des premier et quatrième pelotons, d'une part, et ceux des troisième et deuxième pelotons, d'autre part, marchent à la rencontre l'un de l'autre, se laissant mutuellement à droite, et changent de cercle comme il est prescrit au deuxième mouvement.

Pour remettre les cavaliers à la même main, le capitaine-commandant fait changer de cercle de nouveau, et lorsque les chefs de peloton sont près d'arriver au point où ils ont commencé le mouvement, il commande :

EN AVANT.

Les chefs de peloton se dirigent diagonalement vers la piste des grands côtés de manière à réunir leur tête de colonne ; les numéros 2 et 4, passés à la queue de la colonne composée des numéros 1 et 3, reprennent la place qu'ils occupaient dans la colonne par quatre, et, le mouvement terminé, les deux divisions marchent à main droite en colonne par quatre.

Pour revenir à la main primitive, le capitaine-commandant commande :

CHANGEZ DE MAIN. (Pl. VIII.)

Les deux colonnes exécutent un changement de main diagonal, les chefs des deuxième et quatrième pelotons se laissant mutuellement à droite et passant respectivement à la gauche des chefs des troisième et premier pelotons.

CINQUIÈME MOUVEMENT. (Pl. IX.)

Les colonnes marchant au galop et la tête de chacune d'elles étant près d'arriver vers le milieu du petit côté , le capitaine-commandant commande :

TÊTE DE COLONNE A GAUCHE.

Lorsque les deux têtes de colonne arrivent à 10 mètres l'une de l'autre, le capitaine-commandant commande :

TÊTE DE COLONE A DROITE ET A GAUCHE.

Les chefs des premier et troisième pelotons, suivis des numéros 1 et 2 de leur division, tournent à droite, et les chefs des deuxième et quatrième pelotons, suivis des numéros 3 et 4, tournent à gauche.

En arrivant à la piste des grands côtés, les chefs de peloton tournent du même côté, suivent la piste et se rejoignent dans chaque division sur la ligne du milieu, lorsque leurs têtes de colonne arrivent à 10 mètres l'une de l'autre.

Pour faire reprendre la piste, le capitaine-commandant commande :

TÊTE DE COLONNE DEMI-A-DROITE.

Et les deux colonnes rentrent sur la piste à main gauche.

Pendant ce mouvement, le capitaine-commandant fait arrêter lorsque le premier peloton de chaque division qui s'est divisé à droite et à gauche est engagé dans la nouvelle direction, de manière que les différentes portions de la colonne figurent une sorte de croix.

SIXIÈME MOUVEMENT.

Les colonnes marchant au trot et la tête de chacune d'elles étant près d'arriver aux trois quarts des grands côtés, le capitaine-commandant commande :

TÊTE DE COLONNE A GAUCHE.

A ce commandement, les deux colonnes tournent à gauche et les chefs des deuxième et quatrième pelotons se portent à la hauteur des quatre premières files de leur peloton.

Lorsque le premier peloton est engagé dans la nouvelle direction, le capitaine-commandant commande :

Dans chaque peloton.—En cercle à droite et à gauche.—MARCHE. (Pl. X.)

Au commandement : MARCHE, chaque peloton se divise en deux colonnes et décrit deux cercles rapprochés. Les deux derniers n°s 1 et les deux derniers n°s 4 de chaque peloton prennent la queue de la colonne composée des n°s 2 et 3.

Les quatre cercles ainsi décrits par chaque division sont symétriquement disposés autour du point situé aux trois quarts de la ligne du milieu.

Les colonnes composées des n°s 1 et 2 marchent à main droite, et celles composées des n°s 3 et 4 marchent à main gauche.

Les quatre premiers n°s 1 et les quatre premiers n°s 4 de chaque peloton tournent dans l'intérieur des cercles.

Le chef du troisième peloton se règle sur celui du premier, et, dans chaque division, le chef du deuxième ou quatrième peloton se règle sur celui du premier ou troisième peloton ; tous sont conducteurs des cercles qui sont tracés à main gauche. Les conducteurs des cercles tracés à main droite se règlent sur leur chef de peloton.

Lorsque le chef du premier peloton est près de terminer un des cercles décrits et les conducteurs étant réglés, le capitaine-commandant commande :

SUR LE CENTRE, CHANGEZ DE CERCLE. (Pl. XI.)

A ce commandement, le chef du premier peloton change de cercle en changeant de main avec celui du quatrième peloton, et le chef du deuxième peloton change avec celui du troisième.

Au commandement :

SUR LES AILES, CHANGEZ DE CERCLE. (Pl. XII.)

Les chefs de peloton changent de cercle avec les conducteurs des cercles voisins des extrémités de la carrière.

Le capitaine-commandant fait changer de cercle de nouveau sur les ailes, puis changer de cercle sur le centre, et les chefs de peloton reviennent ainsi à leur position primitive.

Au commandement :

EN AVANT.

Les chefs de peloton et les conducteurs de chaque cercle reprennent la marche directe en se dirigeant vers les grands côtés, et les deux colonnes rentrent sur la piste à main gauche.

Pour sortir de la carrière, le capitaine-commandant fait dédoubler par deux, en doublant l'allure au moment où la tête de chaque colonne a dépassé le deuxième coin, et lorsque celle-ci est près d'arriver vers le milieu du petit côté, le capitaine-commandant commande :

TÊTE DE COLONNE A GAUCHE.

Les deux colonnes changent de direction à gauche, marchent à la rencontre l'une de l'autre, se laissant mutuellement à droite, et sortent de la carrière par les deux points opposés de la ligne du milieu.

DEUXIÈME SÉRIE.

La deuxième série du carrousel comprend diverses courses et figures de manége qui varient suivant les armes, en raison des différences existant dans l'armement, et dans l'aptitude des chevaux.

L'escadron est divisé en plusieurs reprises qui exécutent successivement différents exercices de cette série.

Les figures de manége sont composées à la volonté de l'instructeur, de manière à déployer toute l'habileté équestre des cavaliers, et sont exécutées à l'aide des indications employées dans le travail individuel.

Les courses sont exécutées conformément aux principes prescrits dans le cours du travail individuel et comprennent les courses de tête, à terre ou sur chandelier, les sauts d'obstacles et le tir au galop.

TROISIÈME SÉRIE.

L'escadron est conduit dans la carrière comme il est prescrit dans la première série.

PREMIER MOUVEMENT. (Pl. XIII, XIV, XV, XVI.)

Les colonnes marchant au trot, et la tête de chacune d'elles arrivant vers le milieu du petit côté, le capitaine-commandant commande :

TÊTE DE COLONNE A GAUCHE.

de manière qu'après avoir changé de direction le guide de chaque rang de quatre se trouve sur la ligne du milieu.

Lorsque les deux colonnes, marchant à la rencontre l'une de l'autre, ne sont plus éloignées que de 10 mètres, le capitaine-commandant commande :

TÊTE DE COLONNE, DEMI-TOUR A GAUCHE ET A DROITE.

A ce commandement, les chefs des premier et troisième pelotons, suivis des nᵒˢ 1 et 2, exécutent un demi-tour à droite, et les chefs des deuxième et quatrième pelotons, suivis des nᵒˢ 3 et 4, exécutent un demi-tour à gauche. En arrivant à la piste du petit côté, les colonnes se divisent, et dans chacune d'elles les nᵒˢ 1 et 3 font tête de colonne demi-tour à droite; les nᵒˢ 2 et 4 tête de colonne demi-tour à gauche.

Chaque division forme ainsi quatre colonnes partielles qui se croisent avec celles de la division opposée.

En arrivant à la piste du petit côté, les cavaliers, dans chaque colonne, font demi-tour du même côté que précédemment, et se réunissent pour former une colonne par deux, conduite par un des chefs de peloton.

Les colonnes par deux traversent de nouveau la carrière dans sa longueur, et se réunissent dans chaque division en arrivant sur la piste du petit côté ; les chefs des premier et troisième pelotons exécutant un demi-tour à droite, et les chefs des deuxième et quatrième pelotons un demi-tour à gauche.

Le mouvement terminé, les deux divisions reprennent la piste à main gauche.

DEUXIÈME MOUVEMENT.

Les colonnes marchant au trot, et la tête de chacune d'elles étant arrivée vers le milieu du petit côté, le capitaine-commandant commande :

TÊTE DE COLONNE, A GAUCHE.

et fait prendre 2 mètres d'intervalle.

Les deux colonnes tournent à gauche et se divisent en quatre colonnes partielles ; les n°s 1 et 2 appuient à droite ; les n°s 3 et 4 appuient à gauche, pour prendre l'intervalle prescrit, et les chefs de peloton se placent en tête des colonnes formées par les n°s 1 et 4.

Dans chaque division, les colonnes partielles se croisent avec celles de la division opposée, et se rapprochent après s'être dépassées.

En arrivant à la piste du petit côté, le capitaine-commandant commande :

Par deux en serpentine. — MARCHE. (Pl. XVII.)

A ce commandement, les chefs des premier et troisième pelotons, suivis des n°s 1 et 2, commencent une serpentine à main droite, et les chefs des deuxième et quatrième pelotons, suivis des n°s 3 et 4, commencent une serpentine à main gauche.

Les chefs de peloton se dirigent de manière à limiter les anneaux de la serpentine entre la piste des grands côtés et la ligne du milieu ; le chef du troisième peloton se règle sur celui du premier, et, dans chaque division, le chef du deuxième ou quatrième peloton se règle sur celui du premier ou troisième peloton.

Lorsque les chefs des premier et quatrième pelotons, d'une part, et ceux des deuxième et troisième pelotons, d'autre part, arrivent à la rencontre l'un de l'autre vers le milieu des grands côtés, ils se réunissent pour former deux colonnes par quatre, qui se dirigent chacune vers le milieu de la carrière.

Lorsque les têtes de colonne arrivent à dix pas l'une de l'autre, le capitaine-commandant commande :

En cercle à droite et à gauche — au galop. — MARCHE. (Pl. XVIII.)

A ce commandement, tous les cavaliers prennent le galop : les chefs des premier et troisième pelotons, suivis des n⁰ˢ 1 et 2, décrivent un cercle à main droite ; les chefs des deuxième et quatrième pelotons, suivis des n⁰ˢ 3 et 4, décrivent un cercle à main gauche.

Au commandement :

EN AVANT.

Les chefs de peloton, dans chaque division, se réunissent et se portent en avant pour former une colonne par quatre qui se dirige, en suivant la ligne du milieu, vers l'extrémité de la carrière, et en arrivant à la piste des petits côtés, les colonnes tournent à gauche.

TROISIÈME MOUVEMENT.

Les colonnes marchant au trot et la tête de chacune d'elles ayant dépassé le deuxième coin de la carrière, le capitaine-commandant commande :

Formez les pelotons. — MARCHE.

Les pelotons se forment, comme il est prescrit à l'école de l'escadron, et lorsque le premier peloton de chaque division arrive vers le milieu de la carrière, le capitaine-commandant commande :

En cercle à gauche. — MARCHE. (Pl. XIX.)

Chaque peloton exécute successivement une conversion ; le pivot gagne insensiblement du terrain à gauche jusqu'à ce qu'il se trouve à 8 mètres du point qui marque le milieu de la carrière, et, le mouvement terminé, les quatre pelotons se trouvent disposés en forme de croix.

Au commandement :

ROMPEZ. — (Pl. XX.)

les cinq files de droite de chaque peloton rompent successivement par un en doublant l'allure et décrivent un cercle à main gauche.

Le premier cercle étant tracé, les quatre files suivantes rompent par un en doublant l'allure, décrivent un cercle en suivant la deuxième file du deuxième rang de quatre, et lorsque la rupture est terminée, les cavaliers de ces quatre files exécutent ensemble un demi-tour à gauche sur les hanches pour se mettre en cercle à droite. (Pl. XXI.)

Le deuxième cercle étant tracé, les deux files suivantes rompent par un et décrivent un cercle à main gauche. (Pl. XXII.)

4

Le troisième cercle étant tracé, les cavaliers de la dernière file de chaque peloton exécutent ensemble un demi-tour à gauche sur les hanches et décrivent un cercle à main droite. (Pl. XXIII.)

Pendant ce mouvement, les cavaliers qui décrivent les deux premiers cercles, à partir du centre, remettent le sabre et font haut le pistolet.

Le mouvement étant bien dessiné, le capitaine-commandant fait arrêter.

Au commandement :

Colonne en avant — au trot. — MARCHE.

les cavaliers qui décrivent le premier cercle font feu ensemble, et les cavaliers qui décrivent le deuxième cercle font feu successivement en commençant par le premier cavalier du premier peloton.

Au commandement :

Formez les pelotons. — MARCHE.

les cavaliers qui sont en cercle à main droite exécutent ensemble un demi-tour à droite sur les hanches ; tous les cavaliers se forment et continuent le mouvement de conversion en arrivant à hauteur du cavalier de droite de leur peloton.

Au commandement :

EN AVANT.

Le premier peloton et les trois autres successivement reprennent la marche directe.

En arrivant à la piste, la colonne change de direction à gauche.

QUATRIÈME MOUVEMENT.

L'escadron marchant en colonne avec distance, le capitaine-commandant la forme en bataille, l'adossant à l'un des petits côtés de la carrière par le mouvement :

Pelotons à gauche. — MARCHE. — HALTE.

Le capitaine-commandant commande ensuite :

Escadron en avant — guide à droite — au galop. — MARCHE.

Après avoir marché vingt pas, il commande :

CHARGEZ.

Et ensuite :

Garde à vous. — Escadron. — HALTE.

Ce qui s'exécute comme il est prescrit à l'école de l'escadron.

Le capitaine-commandant fait exécuter un demi-tour par quatre, charger de nouveau dans l'autre sens, et remet l'escadron face en tête.

Dans cette dernière charge, les chefs de peloton restent en arrière de leur peloton et les deux sous-officiers des ailes se placent en avant de leur peloton pour y tenir la place des chefs de peloton.

Pour remettre l'escadron en colonne avec distance, le capitaine-commandant commande :

> *Pelotons à droite, premier peloton en avant.* — MARCHE.
> EN AVANT. — GUIDE A GAUCHE.

CINQUIÈME MOUVEMENT.

L'escadron marchant en colonne avec distance, au trot, le capitaine-commandant remet l'escadron en bataille, au milieu du grand côté qui fait face à la tribune d'honneur, par le mouvement :

> *Pelotons à gauche.* — MARCHE.
> EN AVANT.

Lorsque l'escadron arrive sur la ligne du milieu, les chefs de peloton commandent d'eux-mêmes, ceux de la première division :

> *Peloton à droite.* —

Et ceux de la deuxième division :

> *Peloton à gauche.* — MARCHE.

Et les deux colonnes sortent de la carrière par les deux points opposés de la ligne du milieu.

———————

PLANCHES.

TABLE

RÉCAPITULATIVE DES PLANCHES.

Nota. — Dans toutes les planches qui se rapportent aux deux premiers titres, on a cru devoir, pour faciliter l'intelligence des mouvements, représenter par un signe différent les cavaliers du premier rang et ceux du second.

TITRE II — TRAVAIL INDIVIDUEL DES HOMMES ADMIS A L'ÉCOLE DE L'ESCADRON.

2me Série.

Pl. 5. Pl. 6.

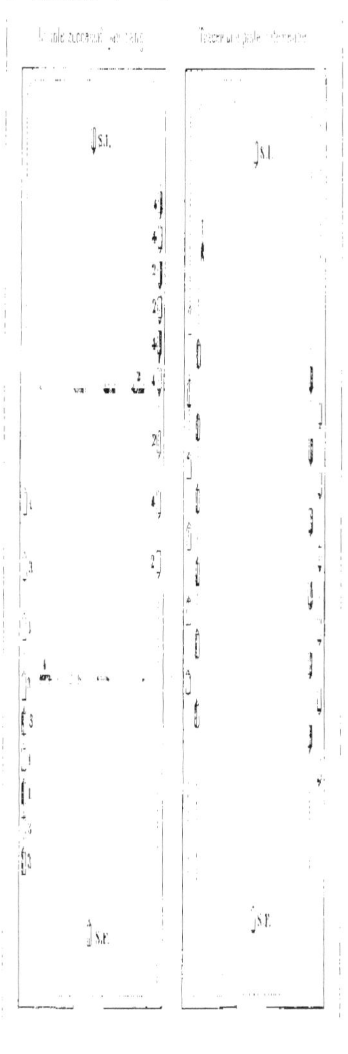

S.I.
S.F.
S.I.
S.F.

3me Série.

Pl. 7.

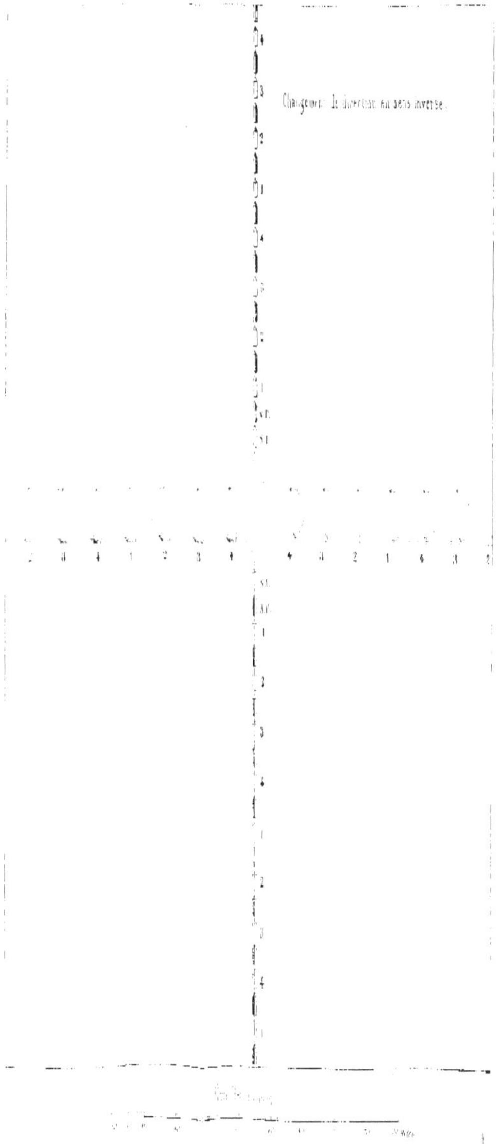

Changement de direction en sens inverse.
S.F.
S.I.
S.I.
S.F.

5ᵐᵉ Série — Pl. 8

5ᵐᵉ Série — Pl. 9

Pl. 10 — 5ᵐᵉ Série — Pl. 11

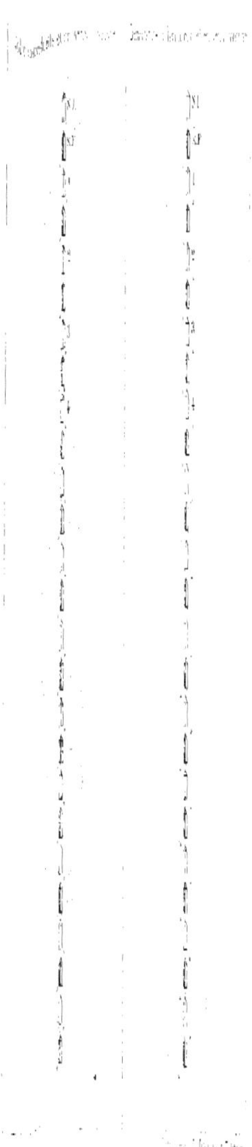

TITRE II __ TRAVAIL INDIVIDUEL DES HOMMES ADMIS A L'ÉCOLE DE L'ESCADRON.

5me Série Pl. 12

Pl. 13.

2me Série. Pl. 14.

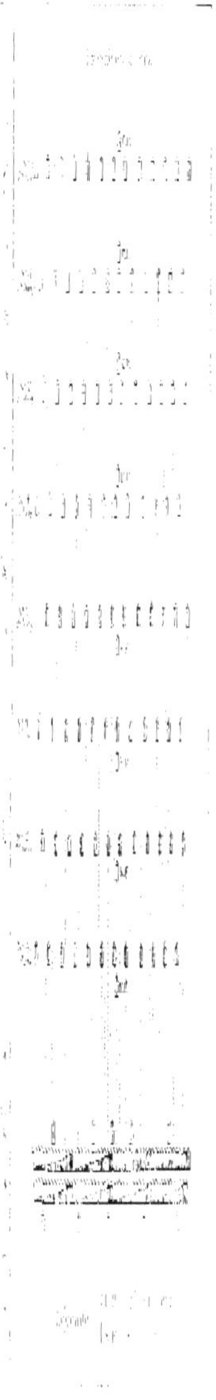

TITRE III _ INSTRUCTION POUR LES LANCIERS

1re 2e 3e Séries Pl. 15.

TITRE TROISIÈME.

INSTRUCTION POUR LES LANCIERS.

MODÈLES Nᵒˢ 1, 2, 3, 4 et 5.

MODÈLES Nᵒˢ 1 et 2.
Confection des mannequins.

L'extrémité supérieure du chandelier reçoit un goujon sur lequel est fixé un tube en caoutchouc servant de ressort. La base du mannequin est une pièce de bois recevant également un goujon qui remonte jusqu'à la tête. Le ressort est fixé sur ce goujon de manière à laisser un intervalle creux d'environ 5 centimètres entre le mannequin et le chandelier. Afin de donner plus de résistance au ressort, on rembourre la partie libre avec de la laine.

Le corps du mannequin est formé avec des cercles en châtaignier recouverts de peau de cheval parcheminée.

MODÈLE Nᵒ 3.
Confection du tampon.

Le tampon de lance est en bois de noyer, recouvert en peau de cheval parcheminée et attaché par une lanière au premier anneau de porte-flamme.

MODÈLE Nᵒ 4.
Manière de rouler la flamme pour le bourrelet.

Le bourrelet de la lance pour la course des bagues est fait avec la flamme nᵒ 2, qui, à cet effet, est roulée dans le sens de sa longueur, et attachée au-dessus du premier anneau de porte-flamme avec la lanière même de la flamme.

MODÈLE Nᵒ 5.
Confection de la tête de carrousel.

Les têtes de carrousel sont formées de fils de fer se croisant et s'étalant, et se fixant à une tête de bois. Les fils sont en outre maintenus par trois cercles plariés de laiton qu'ils traversent, puis seulement passer la tête, on recouvre ensuite de papier ou de toile.

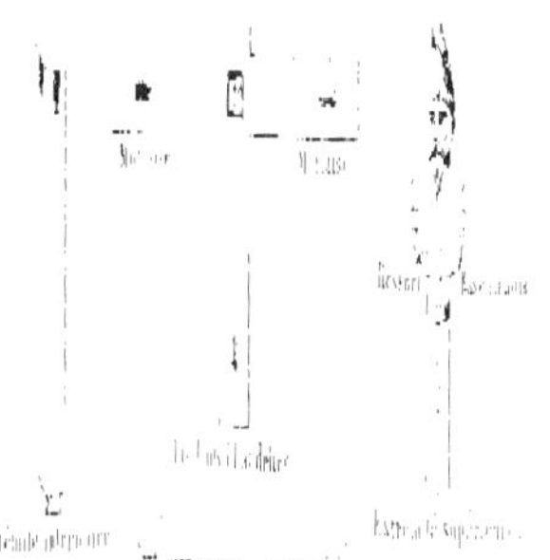

TITRE IV. - EXERCICES DU CARROUSEL. - 1re SÉRIE.

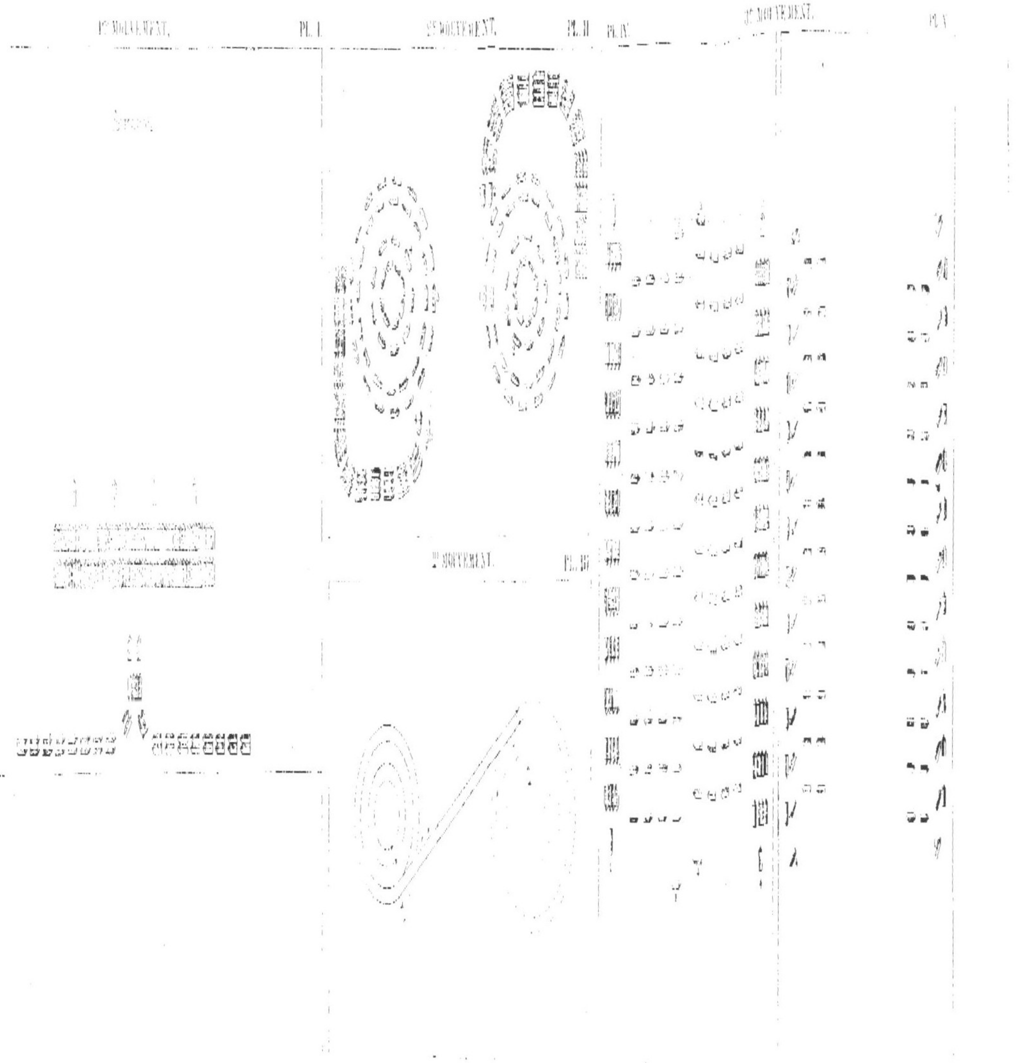

TITRE IV. - EXERCICES DU CARROUSEL. - 1re SÉRIE.

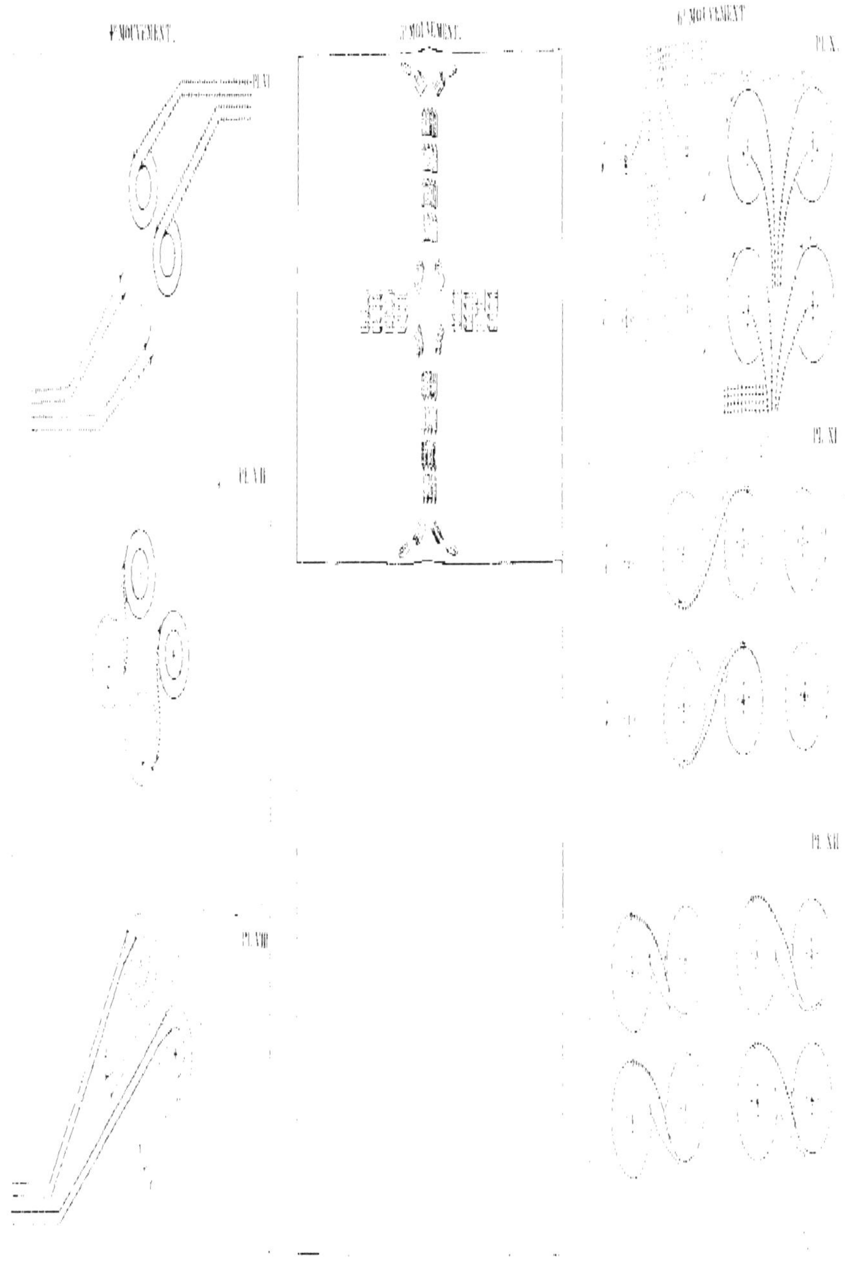

TITRE IV.- EXERCICES DU CARROUSEL.- 3ᵉ SÉRIE.

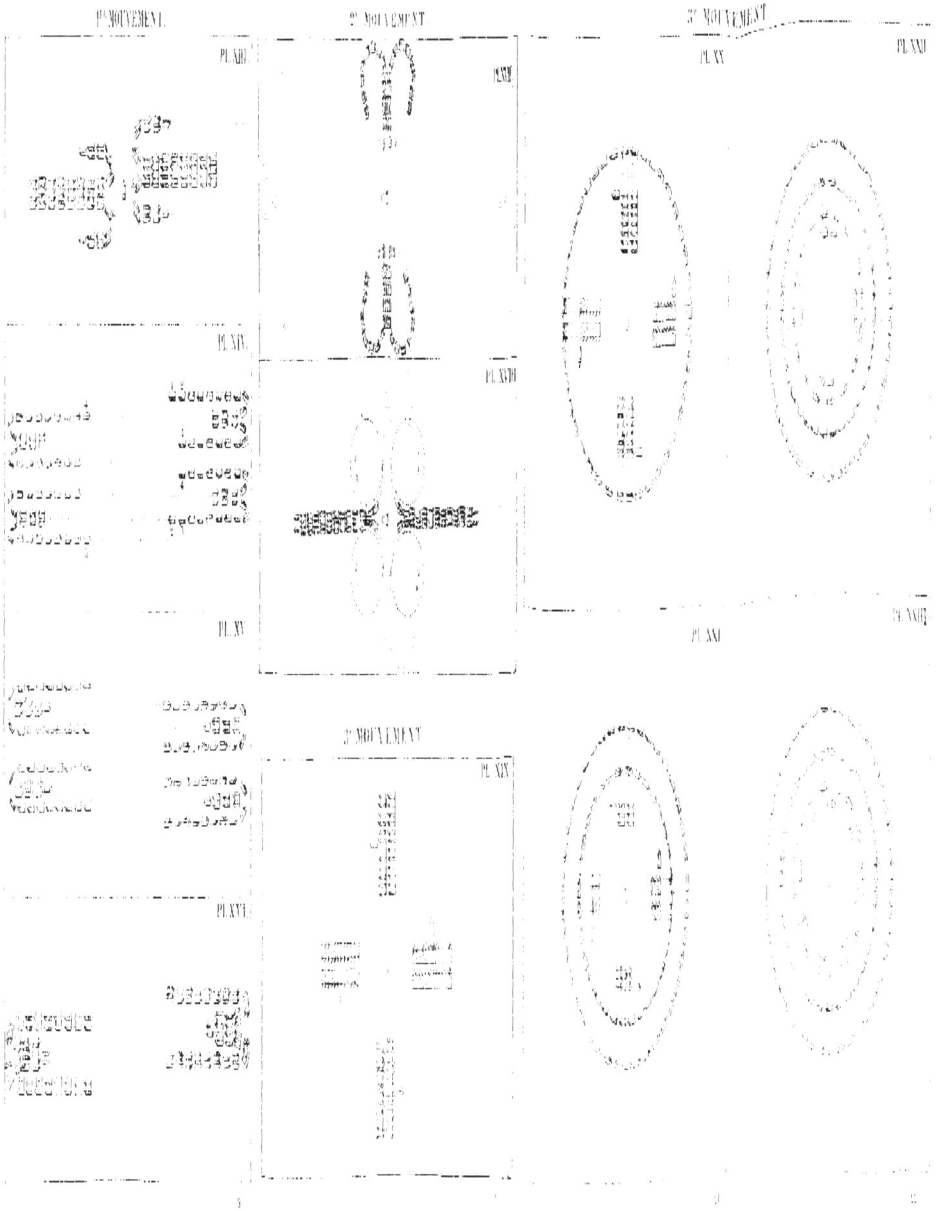

INSTRUCTION

SUR LE TIR

DU FUSIL ET DU PISTOLET

A L'USAGE

DES TROUPES A CHEVAL.

INSTRUCTION

SUR LE TIR

A L'USAGE DES TROUPES A CHEVAL.

INTRODUCTION.

L'instruction sur le tir, appliquée à la cavalerie, n'a pas pour objet de revenir à l'emploi d'une cavalerie mixte, ayant à la fois le double caractère d'une troupe à cheval et d'une troupe à pied.

Aucun changement ne doit être apporté aux principes sur lesquels repose l'organisation de la cavalerie.

Cette instruction, comme celle qui concerne le travail individuel, ne doit être considérée que comme un corollaire de l'ordonnance.

S'il est essentiel que le cavalier sache conduire et diriger son cheval à toutes les allures, il n'est pas moins important, pour compléter son éducation d'homme de guerre, qu'il apprenne à se servir de ses armes avec adresse et précision.

Nos théories contiennent des détails complets sur l'exercice du sabre et de la lance, mais elles sont moins explicites sur le bon emploi à faire des armes à feu.

Il est certain qu'en l'état actuel, l'usage des fusils, dans nos régiments de cavalerie, est à peu près illusoire, et il n'en pourra être autrement aussi longtemps que, par une progression de travail lente et raisonnée, on ne parviendra pas à triompher des difficultés complexes inhérentes à cette partie de l'instruction.

Avant la guerre d'Afrique, on pouvait contester, pour la cavalerie, l'utilité des armes à feu devant l'ennemi. L'expérience acquise pendant les trente dernières années a bien changé les idées sur ce point, et les officiers qui ont été appelés à faire la guerre en Algérie ont reconnu que l'utilité des armes à feu dans la cavalerie ne se bornait pas, comme on l'a prétendu, à signaler l'approche de l'ennemi.

Ce n'est pas à dire que les tirailleurs de la cavalerie, quelque perfectionnement que l'on apporte à leur instruction, puissent jamais rivaliser avec les tirailleurs de l'infanterie. Les conditions du combat sont trop différentes pour qu'une pareille pensée soit admise ; mais entre des tirailleurs de même arme, l'avantage demeurera toujours à ceux qui, par des exercices progressifs, auront acquis la meilleure pratique du fusil.

L'adoption des armes rayées pour les troupes à cheval donne à ce travail une plus grande importance, car une arme perfectionnée serait au moins inutile entre des mains qui ne sauraient pas s'en servir. On a cherché à rendre cette étude claire ; on a emprunté à l'instruction de l'infanterie tout ce qui pouvait être applicable à la cavalerie ; mais pour la rendre familière au cavalier, il y aura toujours des difficultés spéciales à vaincre, et celle qui aura pour objet d'accoutumer le cheval au bruit des armes ne sera pas la moins laborieuse. Le tir dans la cavalerie se lie donc intimement au travail individuel et devient le complément de l'instruction du cavalier.

L'ordonnance prescrit pour ainsi dire à chaque page, lorsqu'il s'agit d'instruire les hommes ou de dresser les chevaux, de n'agir qu'avec modération, et de suivre une marche progressive : dans le cas qui nous occupe, ces recommandations deviennent encore plus obligatoires.

Il faudra donc entreprendre ce nouveau travail avec méthode ; aller trop vite serait compromettre le résultat que l'on se propose d'obtenir.

Quand le cheval sera devenu obéissant, que le bruit des armes le laissera calme, que le cavalier aura lui-même l'habitude de viser, de faire feu sans altérer la régularité de sa position et sans rien perdre de la solidité de son assiette dans les mouvements quelquefois désordonnés de son cheval, alors il sera temps de lui donner des cartouches à balle, car alors seulement il réunira les conditions d'un véritable tireur.

Il n'était peut-être pas inutile de faire précéder de quelques observations l'instruction que l'on va lire, afin de ne pas laisser dans l'esprit des officiers qui auront à en faire l'application, des doutes sur le but que l'on se propose d'atteindre et sur les difficultés dont il faudra triompher.

TITRE PREMIER.

PREMIÈRE PARTIE.

BASES DE L'INSTRUCTION.

L'instruction du tir a pour but de faire connaître au cavalier toutes les ressources de son arme et de l'amener graduellement à en faire usage de la manière la plus avantageuse ; elle doit aussi être considérée comme se liant d'une manière solidaire aux autres parties de l'enseignement militaire, car elle développe les moyens équestres du cavalier en exigeant qu'il soit parfaitement maître de son cheval, et elle exerce son adresse en lui faisant manier son arme aux différentes allures.

L'instruction du tir a donc droit à tous les soins dévolus aux autres parties du service, et elle est placée, dans chaque régiment, sous l'impulsion et la responsabilité du chef de corps. La direction particulière en est confiée au lieutenant-colonel, et les détails d'exécution sont assurés conformément aux dispositions arrêtées dans l'art. 3 du titre Ier de l'ordonnance de 1829.

L'instruction du régiment ne pouvant être entreprise avec fruit qu'autant que les officiers et les sous-officiers sont instruits sur la théorie et la pratique du tir, cette instruction est donnée préalablement aux lieutenants et sous-lieutenants par le capitaine instructeur, et aux sous-officiers par un lieutenant.

Tous les officiers doivent être aptes à donner l'instruction du tir.

Dans chaque escadron, un officier désigné par le lieutenant-colonel, sur la proposition du capitaine-commandant, est chargé de surveiller les détails de cette instruction. Cet officier peut être changé quand les besoins du service ou l'exigence des autres instructions du régiment en font connaître la nécessité.

Un officier, du grade de lieutenant ou sous-lieutenant, est chargé de l'instruction théorique et pratique de tous les sous-officiers et de quelques brigadiers les plus intelligents. L'officier instructeur s'attache particulièrement à former au moins un sous-officier et deux brigadiers par escadron ; ils assistent l'officier désigné pour l'instruction de l'escadron. Le capitaine instructeur est chargé de l'instruction complète des recrues, c'est-à-dire jusques et y compris le tir à la cible à cheval.

Les capitaines-commandants, sous la surveillance de leurs chefs d'escadrons, sont chargés de donner tous les détails de l'instruction aux cavaliers de leur escadron qui ont fini leurs classes. Chaque homme doit recevoir une instruction individuelle et participer également aux épreuves du tir à la cible. Les résultats obtenus après chaque séance sont mentionnés avec soin, afin de constater les progrès de l'instruction et de recueillir des renseignements servant à donner la mesure de l'efficacité de l'arme.

Les officiers doivent veiller avec le plus grand soin à l'emploi régulier des munitions, afin de maintenir les consommations dans les limites fixées. Les munitions sont distribuées par l'officier d'armement sur des bons signés par les capitaines-commandants pour les anciens soldats, et par le capitaine instructeur pour les jeunes soldats, pour les officiers et les sous-officiers du régiment.

L'officier d'armement est chargé de l'entretien du matériel et remet tous les trois mois au major le relevé des cartouches distribuées.

Pour chaque séance de tir à la cible, le capitaine-commandant fait établir des situations nominatives et par peloton des hommes présents. La situation de chaque peloton est remise à l'officier de peloton, et celui-ci fait inscrire les balles mises dans la cible à mesure que le tir a lieu.

Le tir étant achevé, l'officier, aidé d'un sous-officier ou d'un brigadier, compte le nombre des coups marqués sur la cible et vérifie s'il concorde avec le nombre de coups signalés. Au moyen de ces notes prises sur le terrain, les résultats de la séance sont inscrits d'une part sur la feuille de tir de l'escadron par le fourrier, et d'autre part sur le livret de l'officier. Ces inscriptions sont relevées et portées tous les trois mois sur le registre de tir du régiment, par les soins du major.

La méthode précédente est appliquée à l'instruction des jeunes soldats, les capitaines instructeurs remplissant envers ces derniers les obligations imposées aux capitaines-commandants, et les officiers employés à l'instruction celles qui incombent aux officiers de peloton.

Les états de consommation produits par les capitaines-commandants et les états de distribution établis par l'officier d'armement, justifient de la concordance qui doit exister entre les distributions et les consommations.

L'instruction complète du tir est parcourue chaque année. L'instruction théorique et pratique des officiers et celle des sous-officiers doit toujours précéder le tir à la cible des escadrons. Les colonels règlent en conséquence les époques et le nombre de ces instructions.

FEUILLE DE TIR DE L'ESCADRON.

(A mettre à la suite du livre de détail.)

NUMÉROS des pelotons.	NUMÉROS annuels.	NOMS.	GRADES.	TIR A PIED.				TIR A CHEVAL.				TOTAUX.	MUTATIONS ET OBSERVATIONS.
				15 avril, 100 mètres.	22 avril, 200 mètres.	27 avril, 400 mètres.	3 mai, 600 mètres.	15 avril, 100 mètres.	22 avril, 200 mètres.	27 avril, 400 mètres.	3 mai, 600 mètres.		
1er	1	GUILLAUME	Maréchal des logis chef	2	1	»	»	»	»	»	»	3	Passé adjudant le 25 avril.
3	2	BRICHARD	Maréchal des logis	2	1	1	3	»	»	»	»	7	Entré à l'hôpital le 5 mai. Sorti le 14 juin. En convalescence.
4	5	PIERRE	Idem	3	0	2	1	»	»	»	»	6	Détaché à Saumur le 4 mai.
2	7	ARNOULD	Idem	»	»	»	2	2	»	»	»	4	Venu du 3e escadron le 1er mai. Parti en permission de 15 jours le 8 mai.
2	11	JEAN	Cavalier de 2e classe	2	1	3	2	2	0	1	1	12	
		TOTAUX.		9	3	6	8	4	»	1	1	32	
Nombre. {		Tireurs.		35	34	34	36	35	33	33	34	274	
		Balles tirées.		140	136	136	144	140	132	132	136	1096	
		Pour 0/0											

REGISTRE DE RÉGIMENT (1ʳᵉ partie).

ESPÈCES DE FEUX.	DISTANCES.	NUMÉROS des escadrons.	TIR A PIED. NOMBRE DE			TIR A CHEVAL. NOMBRE DE			PROPORTION p. 0/0.	OBSERVATIONS.
			Tireurs.	Balles tirées.	Balles mises.	Tireurs.	Balles tirées.	Balles mises.		
Tir du 15 avril	100 mètres	1ᵉʳ	185	740						
		2	197	788						
		3	183	732						
		4	172	688						
		5	177	708						
		6	190	760						
		Jeunes soldats.	150	600						
Totaux			1254	5016						
200 mètres, même tracé.										
400 mètres, même tracé.										
600 mètres, même tracé.										
Totaux de tous les tirs.										

DEUXIÈME PARTIE.

MÉTHODE SUIVIE DANS L'INSTRUCTION DU TIR.

Pour que le fusil de dragon produise les effets que l'on peut attendre de son feu, il faut :

1° Que le cavalier connaisse les différentes parties et les accessoires de cette arme ; qu'il sache la démonter, la remonter et l'entretenir convenablement. Le règlement sur la conservation et l'entretien des armes dans les corps renferme tout ce qui est nécessaire à cette première base de l'instruction du tir.

2° Que le soldat exécute régulièrement le chargement de l'arme suivant les principes prescrits dans cette instruction.

3° Que les règles du tir du fusil soient connues du cavalier, c'est-à-dire qu'il sache de quelle manière il doit diriger son arme suivant la distance du but.

4° Qu'il soit exercé à estimer les distances afin de pouvoir appliquer les règles du tir.

5° Qu'il sache viser.

6° Qu'il prenne dans le tir une position qui lui permette :

De viser commodément,

De conserver facilement l'immobilité du corps,

De ne point pencher la hausse et le guidon à droite ou à gauche,

De supporter le recul.

7° Qu'en agissant sur la détente pour faire partir le coup, il ne dérange point le canon.

Telles sont les notions théoriques et les détails d'exécution qu'un tireur doit mettre en pratique, pour obtenir généralement du fusil de dragon les meilleurs effets que cette arme comporte.

Pour exercer le cavalier au tir, on simule successivement toutes les opérations dont se compose le tir et on n'entreprend le tir à la cible que lorsqu'il exécute correctement tous les mouvements préparatoires.

Pour que le cavalier apprenne à viser facilement, on ne l'occupe d'abord que de cette seule partie de l'instruction du tir ; on l'habitue ensuite aux positions les plus commodes pour le tireur, en lui faisant, à plusieurs reprises, prendre, garder et quitter ces positions. Après avoir vaincu séparément ces deux premières difficultés, on apprend au cavalier à agir sur la détente pour faire partir le coup sans déranger l'arme, et on lui fait exécuter ce mouvement du premier doigt sur la détente en visant et conservant la position prescrite (un tampon est mis sur la cheminée pendant cet exercice).

Parvenu à ce degré d'instruction pratique, le cavalier n'a plus dans le tir réel qu'à s'habituer à l'explosion de la cartouche et au recul de l'arme.

Pour l'habituer à conserver l'immobilité en agissant sur la détente, on commence par le faire tirer avec des capsules.

Pour l'habituer à la détonation et à l'effet du recul, on lui fait brûler quelques cartouches à poudre, en veillant toujours à ce qu'il observe les principes énoncés précédemment.

En joignant à cette instruction pratique l'instruction théorique strictement nécessaire pour que le cavalier sache donner à son arme la direction déterminée par la distance du but, on peut commencer le tir à la cible.

Enfin, lorsque le cavalier a été exercé à la cible à diverses distances, jusqu'à la limite des portées efficaces de l'arme ; quand il a acquis l'habitude d'estimer une distance, de tirer sur une cible dont l'éloignement doit être apprécié par lui, il connaît la portée et la justesse de son arme et est moins entraîné à faire feu sur des troupes ou des hommes isolés placés hors de la portée de ses coups.

Depuis son arrivée au corps jusqu'à la fin de la 1re partie de la 4e leçon de l'ordonnance, le jeune soldat apprend la nomenclature, le montage, le démontage et l'entretien des armes. L'instruction actuellement prescrite par la 2e partie de la 4e leçon commence avec le 1er article de l'école de peloton à pied et est menée de manière que le tir à la cible à pied soit terminé avec l'école du peloton à pied ; l'instruction du tir à cheval commence vers la fin de la 4e leçon de l'école du cavalier à cheval et se continue avec l'école du peloton.

Le jeune soldat ne participe au tir de son escadron qu'après avoir exécuté le tir à la cible sous la direction du capitaine instructeur.

TITRE II.

THÉORIE DU TIR.

PRINCIPES GÉNÉRAUX DU TIR.

Les principes généraux du tir se déduisent des positions relatives occupées par trois lignes qui sont : la ligne de tir, la trajectoire et la ligne de mire.

La ligne de tir est l'axe du canon, indéfiniment prolongée.

La trajectoire est la ligne courbe que décrit le centre de la balle pendant son trajet dans l'air.

La ligne de mire est une ligne droite, passant par le milieu du fond du cran de la hausse et par le sommet du guidon.

L'angle de mire est l'angle que la ligne de mire forme avec la ligne de tir.

On appelle plan de tir le plan vertical qui contient la ligne de tir au moment du tir.

La trajectoire est tout entière dans ce plan (1). Elle se confond d'abord avec la ligne de tir et s'en écarte ensuite de plus en plus, à mesure que la balle s'éloigne de la bouche du canon.

La trajectoire et la ligne de mire peuvent être considérées comme liées invariablement entre elles lorsque la dernière de ces lignes reste dans le plan de tir.

Puisque la trajectoire est contenue dans le plan de tir, si l'on a soin de placer la ligne de mire dans ce plan et de diriger cette ligne sur la verticale passant par le point que l'on veut atteindre, la balle rencontrera quelque part la verticale en question, si cette ligne n'est pas hors des limites de la portée. Pour que ce point de rencontre soit précisément le but, il ne restera plus qu'à diriger la ligne de mire, ou, ce qui est la même chose, le rayon visuel rasant le fond du cran de la hausse et le sommet du guidon, sur un point de la verticale tel que la trajectoire rencontre le but.

---

(1) Cette définition de la trajectoire est simple et rend assez bien compte des règles de tir ; mais elle n'est pas rigoureusement exacte, la trajectoire n'est pas tout entière dans le plan du tir.

5.

Le point dont il s'agit sera déterminé lorsqu'on connaîtra de combien la trajectoire s'élève au-dessus ou s'abaisse au-dessous de la ligne de mire, à la distance qui sépare le but de la bouche du canon. Le point sera élevé ou abaissé, par rapport au but, de la quantité dont la trajectoire sera abaissée, ou élevée, par rapport à la ligne de mire.

Si, par exemple, on sait que la trajectoire, à une certaine distance, s'abaisse d'un mètre au-dessous de la ligne de mire, il faudra, pour atteindre un point situé à cette distance, diriger la ligne de mire ou viser au-dessus de ce point. Car, si on dirigeait la ligne de mire sur ce point même, la balle ou la trajectoire passerait à un mètre au-dessous ; mais si on élève la ligne de mire et si on la dirige à un mètre au-dessus du but, la trajectoire suivra le mouvement de la ligne de mire, conservera, par rapport à celle-ci, sa première position et passera par conséquent à un mètre au-dessous du point visé, c'est-à-dire par le point qu'il faut atteindre.

Le tir d'une arme peut donc être réglé à l'aide de la ligne de mire, quand on connaît la position des différents points de la trajectoire relativement à cette ligne droite, et qu'on a soin de placer dans le plan de tir les deux points qui déterminent la ligne de mire.

Si l'on examine la trajectoire et la ligne de mire dans la position qu'elles occupent généralement l'une par rapport à l'autre, on reconnaîtra que la ligne de mire coupe la trajectoire en deux points : le premier, très-rapproché de la bouche du canon, le second plus éloigné.

Le second point d'intersection de la trajectoire et de la ligne de mire se nomme but en blanc.

La distance mesurée sur la ligne de mire, de la bouche du canon au but en blanc, se nomme portée du but en blanc.

On remarque qu'au delà du but en blanc, la trajectoire s'abaisse au-dessous de la ligne de mire, et de plus en plus, à mesure que la balle s'éloigne du canon.

Qu'en deçà du but en blanc (entre les deux points d'intersection de la ligne de mire et de la trajectoire), la balle s'élève au-dessus de la ligne de mire dans une proportion plus ou moins considérable, suivant la position que l'on considère.

Puisque, à une distance égale à la portée du but en blanc, la trajectoire rencontre la ligne de mire, il suffira, pour atteindre un point situé à cette distance, de diriger la ligne de mire sur ce point.

Puisqu'au delà du but en blanc la trajectoire s'abaisse au-dessous de la ligne de mire, il faudra, pour atteindre un point situé à une distance plus grande que la portée du but en blanc, diriger la ligne de mire au-dessus de ce point : car, si on la dirigeait sur ce point, la trajectoire passerait au-dessous. Pour déterminer l'élévation du point que l'on devra viser, afin de toucher le but, il suffira de connaître l'abaissement de la trajectoire au-dessous de la ligne de mire, à la distance où se trouve placé le point que l'on veut atteindre.

Cet abaissement est égal à l'élévation du point que l'on doit viser au-dessus du but. C'est ce que l'on voit clairement lorsqu'on se souvient que la trajectoire est liée à la ligne de mire.

On verra de même que, pour atteindre un but situé entre les deux intersections de la ligne de mire et de la trajectoire, il faut viser au-dessous de ce but un point verticalement éloigné du premier, d'une longueur égale à celle qui sépare la trajectoire de la ligne de mire, à la distance où se trouve placé le point que l'on veut atteindre.

Telles sont les règles générales du tir, que l'on résume de la manière suivante :

Lorsque le but est situé à l'un des deux points d'intersection de la trajectoire et de la ligne de mire, il faut viser le but ;

Lorsque le but est situé entre les deux points d'intersection, il faut viser au-dessous du but ;

Lorsque le but est situé au delà du but en blanc, il faut viser au-dessus du but, et d'autant plus au-dessus qu'il en est plus éloigné.

RÈGLES DE TIR DU FUSIL DE DRAGON.

Lorsqu'on tire sur un objet d'une certaine étendue, on doit diriger la ligne de mire de manière à amener la trajectoire sur le centre ou le milieu de cet objet ; car, si on l'amenait vers l'une des extrémités, on aurait plus de chance de le manquer, par suite d'une déviation de la balle, d'une erreur ou d'une maladresse dans le tir.

Ainsi, le milieu du corps est le but que l'on doit tâcher d'atteindre dans le tir de guerre.

Les règles générales du tir que l'on a résumées à la fin de la leçon précédente, ne sont applicables pratiquement qu'autant que le point à viser pour atteindre le but est pris sur le corps de l'homme.

Si, par exemple, la trajectoire s'abaisse au-dessous de la ligne de mire d'une quantité plus grande que la hauteur totale d'un homme, on voit qu'en dirigeant la ligne de mire sur la partie la plus élevée de sa coiffure, la balle n'atteindra pas ses pieds ; elle frappera la terre en avant du but et ne pourra le toucher que par ricochet.

Avec le fusil de dragon, on peut, jusqu'à 270 mètres environ, choisir, sur le corps de l'homme, un point de repère tel, qu'en dirigeant la ligne de mire sur ce point, on amène la trajectoire sur la ceinture; mais, au delà de cette distance, on ne peut plus se servir de la ligne de mire naturelle.

RÈGLES DU TIR A LA CIBLE.

Les règles du tir à la cible sont les mêmes que celles du tir de guerre.

Le but à atteindre se compose, suivant les distances, d'une cible simple ou de plusieurs cibles contiguës; toutes les cibles ont une hauteur de deux mètres.

La largeur de la cible simple est de cinquante centimètres, et celle de la cible double est de un mètre.

On place au centre du but un cercle noir dont le rayon est de dix centimètres depuis la plus petite distance jusqu'à 250 mètres.

TITRE III.

THÉORIE ET PRATIQUE DE L'APPRÉCIATION DES DISTANCES.

Pour appliquer les règles de tir de son arme, le cavalier doit connaître la distance qui le sépare du but.

Dans les tirs d'instruction, la cible est généralement placée à des distances mesurées et bien connues. La règle à suivre pour diriger l'arme est alors déterminée avec précision; mais lorsqu'il s'agit d'appliquer les règles de tir devant l'ennemi, la distance est inconnue, et il importe de l'apprécier le plus promptement et le plus exactement possible, afin de régler le tir en conséquence. L'estimation des distances est d'ailleurs fort utile à la guerre sous beaucoup d'autres rapports. Aussi doit-on, quoique l'on se borne à donner au cavalier les principes du tir jusqu'à 250 mètres, lui apprendre à bien apprécier, à la vue, des distances beaucoup plus grandes.

On se conforme pour cette instruction aux prescriptions suivantes :

On s'occupe d'abord des moyens de vérifier l'estimation d'une distance.

Cette vérification se fait en mesurant la distance à l'aide d'un cordeau, ou plus simplement en comptant, soit à pied, soit à cheval, le nombre de pas nécessaire pour la parcourir.

Un détachement de seize cavaliers montés, dirigé par un sous-officier

instructeur, est conduit sur le terrain; les cavaliers doivent avoir l'armement, l'équipement et le harnachement complet.

L'instructeur fait mesurer en ligne droite sur le terrain, à l'aide du
cordeau et de cavaliers employés comme jalonneurs, une distance de
60 mètres, s'il est possible, et marque par un piquet, par une pierre ou
par une raie faite sur le sol, chacune des distances de 50, 100, 150, 200,
300, 400, 500, 600 mètres.

Il ordonne aux cavaliers de parcourir la distance de 100 mètres, au
pas des chevaux, en leur recommandant de prendre l'allure naturelle de
leur monture, sans chercher à augmenter ou à diminuer la longueur du
pas.

Il leur indique qu'en moyenne un cheval faisant cent vingt pas pour
parcourir 100 mètres, il en fera soixante pour 50 mètres et douze pour
10 mètres, et qu'ils peuvent ainsi dans tous les cas connaître le nombre
de mètres parcourus par le nombre de pas de leurs chevaux.

L'instructeur forme son détachement sur un rang à l'une des extrémités de la distance de 200 mètres du côté où l'on a commencé le mé-
trage, de telle sorte que la ligne droite mesurée soit perpendiculaire au
front de la troupe et passe par le milieu de ce front.

Il ordonne à quatre cavaliers du détachement de se porter, le premier,
à 50 mètres, le second, à 100 mètres, le troisième, à 150 mètres, le
quatrième, à 200 mètres et de faire face au front de la troupe; il a soin
de faire indiquer par chaque cavalier avant le départ combien de pas il
doit compter pour arriver à la distance qui lui est désignée : il fait remarquer aux hommes placés dans le rang les diverses parties de la figure,
de l'habillement, de l'équipement, de l'armement et du harnachement
qu'ils peuvent encore apercevoir nettement sur le cavalier établi à
50 mètres, et celles que l'on ne peut plus apercevoir facilement à cette
distance. Il interroge les hommes l'un après l'autre sur les remarques
faites d'après la portée de leur vue, et ne doit point exiger que les ré-
ponses soient les mêmes pour tous les cavaliers du détachement, puisque
la portée de la vue n'est pas la même pour tous. L'instructeur porte
ensuite l'attention de ces hommes sur le cavalier établi à 100 mètres et
leur prescrit de faire sur ce cavalier des observations du genre de celles
dont ils ont déjà rendu compte pour la distance de 50 mètres. En inter-
rogeant les hommes, cette seconde fois, il a soin de leur signaler la différence qui existe entre les deux distances, quant à la netteté de la vision
de certains objets.

L'instructeur prescrit ensuite de faire successivement sur les deux
cavaliers placés l'un à 150 mètres, l'autre à 200 mètres du front de la

troupe, des observations analogues à celles dont il vient d'être question pour les distances de 50 et 100 mètres. On procède de même pour les distances de 200 à 600 mètres.

A partir de 600 mètres et jusqu'à 1,000 et 1,200 mètres, on répète les mêmes expériences sur des groupes de 4 et 8 cavaliers placés botte à botte.

L'instructeur s'attache surtout à signaler à chaque soldat, et suivant les observations de chacun d'eux, les différences qui existent entre les distances, quant à la distinction nette, confuse ou imperceptible de certains objets.

L'instructeur a soin de faire remarquer aux hommes que les cavaliers placés en jalonneurs paraissent d'autant plus petits qu'ils sont plus éloignés.

Il doit faire remplacer fréquemment les hommes placés aux distances d'observation, afin que l'instruction puisse être donnée également à tous les hommes du détachement.

Lorsque les cavaliers ont fait des observations assez nombreuses aux différentes distances désignées, et quand ces observations sont bien gravées dans leur mémoire, l'instructeur procède à l'estimation des distances comprises dans les limites de 50 à 600 mètres.

Pour cela, après avoir formé le détachement sur un rang et sur une partie de terrain, autre que celle où l'estimation des distances a été faite d'abord, l'instructeur envoie un cavalier en avant du front de la troupe, en lui prescrivant de s'arrêter et de faire face à la troupe à la sonnerie *halte*.

Il est prescrit alors aux hommes placés dans le rang d'observer le cavalier qui leur fait face et d'estimer la distance, en se rappelant les observations faites par eux sur des hommes placés aux distances précédemment mesurées.

L'instructeur interroge chaque homme séparément et note sur un calepin la distance indiquée par chacun d'eux. Puis il vérifie lui-même la distance avec son cheval. L'inscription de ces différents résultats étant faite, il en donne lecture au détachement et rectifie les erreurs que chacun a pu commettre.

L'instructeur fait répéter les mêmes exercices autant de fois qu'il le juge nécessaire, en ayant soin de choisir chaque fois une distance différente, mais toujours comprise dans les limites ci-dessus indiquées.

Les séances d'appréciation des distances précèdent l'instruction du tir à la cible, avec laquelle elle marche ensuite simultanément.

Au tir à la cible, si le détachement est assez nombreux pour être divisé en deux parties, l'une s'exerce à l'appréciation des distances, tandis que l'autre fait le tir à la cible.

Nota. Les officiers chargés de l'instruction de l'appréciation des distances peuvent consulter, pour de plus amples renseignements, le titre III de l'instruction de 1850 des chasseurs à pied.

RÉSUMÉ

DES INDICATIONS SERVANT A APPRÉCIER LES DISTANCES.

A 600 mètres. — On distingue dans une troupe à cheval :
Les différentes allures,
Le sens de la marche en avant ou en arrière,
Les parties brillantes de l'armement, casques et cuirasses,
Les effets d'habillement de couleur rouge ou blanche, plastrons, panaches, flammes de lances.

A 400 mètres. — On distingue :
La robe des chevaux,
Les allures et le sens de la marche,
Les casques et cuirasses,
Les couleurs éclatantes de l'habillement,
Le baudrier sur le cavalier vu de face.

A 300 mètres. — On distingue :
La nuance de la robe des chevaux,
Les rênes de bride sur les chevaux de robe claire, vus de flanc,
Le fourreau de sabre pour le cavalier présentant le flanc gauche,
Les hampes de lance,
Les épaulettes,
La coiffure.

A 200 mètres. — On distingue :
Les nuances de la robe des chevaux,
Les rênes de bride sur les chevaux de robe foncée,
La lame et le fourreau du sabre,
Les hampes de lance, le fusil porté en bandoulière,
Les parties principales de l'habillement et de l'équipement.

A 100 mètres. — On distingue :
Les différentes parties du corps du soldat, la figure et les bras,

Les effets d'armement et d'équipement,

Les détails de l'habillement, du harnachement, la ligne des boutons de l'habit, le portemanteau ou la charge de devant.

A 600 mètres. — On distingue, dans une troupe d'infanterie :

Le mouvement des pelotons en marche, vus de face ou par derrière,

La couleur rouge du pantalon.

A 400 mètres :

Le sens de la marche,

Le mouvement de l'arme.

A 300 mètres :

Les canons de fusil ou de carabine, l'arme portée sur l'épaule, les différentes parties de l'habillement.

A 200 mètres :

La couleur des vêtements, les plaques de ceinturons ou de shakos, les poignées de sabre, la giberne.

A 100 mètres,

Les différentes parties du corps, les mouvements de l'homme, la forme et la couleur de l'habillement.

OBSERVATION. Le sens du mouvement d'un peloton en marche et présentant le flanc se reconnaît à toutes les distances.

Lorsqu'on tire sur un but qui se meut, on doit tenir compte du mouvement de ce but, et ne pas diriger la ligne de mire sur le point où il se trouve au moment du tir, mais sur celui où l'on juge qu'il sera placé quand la balle aura franchi la distance.

Ainsi, par exemple, si l'on tire sur un cavalier lancé au galop de son cheval, dans une direction perpendiculaire ou parallèle au plan de tir, il faudra que la ligne de mire se meuve dans le sens où le cavalier se meut lui-même et soit dirigée en avant du cavalier, d'autant plus avant qu'il est plus éloigné. Il faudra d'ailleurs que cette ligne soit élevée ou abaissée, suivant la distance. *Il serait impossible de donner des règles précises pour toutes les circonstances d'un tir de cette espèce.* Cependant on peut donner les indications suivantes pour le fusil de dragons :

LE CHEVAL MARCHANT AU PAS.

100 mètres, viser le cheval à l'épaule ;

200 mètres, *idem* aux naseaux ;

250 mètres, *idem* à 40 centimètres en avant de la tête.

LE CHEVAL AU TROT.

100 mètres, viser le cheval à la tête ;

200 mètres, *idem* à 1 mètre 40 centimètres en avant, un peu moins d'une longueur ;

250 mètres, *idem* à 2 mètres 30 centimètres en avant, plus d'une longueur.

LE CHEVAL MARCHANT AU GALOP.

100 mètres, viser en avant du cheval, 1 mètre 08 centimètres, 1/2 longueur de cheval ;

200 mètres, *idem*, 3 mètres, 98 centimètres deux longueurs ;

250 mètres, *idem*, 5 mètres 75 centimètres, près de trois longueurs ;

Ces indications ne doivent pas être considérées comme étant d'une exactitude absolue ; il faut les prendre comme des moyennes générales susceptibles de varier en raison de la netteté de la vue de chacun, des circonstances atmosphériques et de la configuration du terrain. Mais, en principe, le tireur doit toujours viser à une distance d'autant plus grande en avant du cavalier qu'il veut atteindre, que ce cavalier se trouve plus éloigné de lui et que l'allure de son cheval est plus rapide.

Les longueurs de cheval sont approximativement calculées à raison de deux mètres par unité, au pas, au trot et au galop.

PRÉCAUTIONS A PRENDRE DANS LE CHARGEMENT DU FUSIL RAYÉ DE DRAGON.

Après avoir mis la capsule, le cavalier tenant l'arme de la main gauche, l'axe du canon à peu près vertical, prend la cartouche de la main droite, tire avec les dents le papier engagé dans l'étui, le déchire ensuite le plus près possible du carton, en tournant la main qui tient la cartouche ; il verse la poudre en ayant soin de secouer légèrement l'étui, retourne la cartouche, engage la balle dans le canon jusqu'à la naissance de l'ogive. Le cavalier, saisissant alors l'étui de la main droite, les ongles en dessous, rompt le papier de l'enveloppe d'un seul coup en renversant la main sans soulever la balle ; il enfonce la balle dans le canon en appuyant avec la paume de la main sur le méplat qui la termine ; il tire ensuite la baguette, enfonce la balle jusqu'à ce qu'elle repose sur la charge, et l'assure dans cette position par un seul coup de baguette.

OBSERVATION.

Le chargement régulier de la balle est une des conditions essentielles de la justesse du tir du fusil de dragon. Si on donne plusieurs coups de baguette ou un seul coup d'une force exagérée, on déforme la partie évidée, et le forcement se fait incomplétement. Les instructeurs ne pourront donc apporter une trop grande attention dans la surveillance du chargement exécuté par les jeunes soldats.

On exigera dans les théories faites aux brigadiers et aux sous-officiers que cette manière de charger soit apprise littéralement.

TITRE IV.

PRATIQUE DU TIR A PIED.

EXERCICES PRÉPARATOIRES DU TIR.

—

ARTICLE 1er.

—

POINTAGE.

L'instruction du pointage se donne d'abord dans les chambres.

L'instructeur réunit 12 hommes. Il place un fusil sur le chevalet de pointage (1) et dirige la ligne de mire sur un point des murs ou des fenêtres marqué par un pain à cacheter ou de toute autre manière.

Il a soin de placer le guidon et la hausse de telle sorte que ces parties de l'arme ne penchent ni à droite ni à gauche.

L'instructeur commence les premières séances de pointage par l'expli-

---

(1) Dans les chambres, on peut employer, au lieu de chevalet de pointage, une musette remplie d'avoine. Cette musette est placée sur un banc, le banc sur une table. On fait en frappant avec le revers de la main sur la musette, qui ne doit pas être remplie entièrement, un logement pour le fût de l'arme. On place l'arme en équilibre sur le sac, et l'on peut alors la diriger facilement à droite ou à gauche, en haut ou en bas, dans des limites assez étendues, en faisant mouvoir la crosse avec la main droite et en avançant ou faisant rétrograder le fût dans son logement.

cation des principes généraux du tir indispensables à l'instruction de pointage.

Il montre aux hommes les deux points qui déterminent la ligne de mire ; c'est-à-dire le sommet du guidon et le milieu du fond du cran de la hausse. Il leur explique que, pour viser, il suffit de mettre ces deux points et celui que l'on doit viser sur un même rayon visuel ; que, par conséquent, il ne faut pas regarder ces trois points avec les deux yeux, mais avec un seul, l'œil droit, en fermant l'œil gauche.

L'instructeur prescrit ensuite aux hommes de regarder l'un après l'autre, en fermant l'œil gauche et en se plaçant en arrière de la crosse sans la toucher, le milieu du fond du cran, le sommet du guidon et le milieu du pain à cacheter sur lequel la ligne de mire a été préalablement dirigée, et de s'assurer par eux-mêmes que ces trois points sont bien sur le même rayon visuel.

L'instructeur, après avoir dérangé le fusil, prescrit successivement à chaque soldat de viser le point désigné. Il vérifie le pointage, indique à chaque homme, s'il y a lieu, les erreurs qu'il a commises, en lui faisant voir que la ligne de mire n'est pas dirigée convenablement, et qu'elle passe au-dessus ou au-dessous, à droite ou à gauche du point qu'il fallait viser. Après avoir rectifié le pointage exécuté par chaque soldat, l'instructeur a soin de déranger le fusil.

Les hommes pointent en se plaçant en arrière de la crosse, en faisant mouvoir l'arme avec la main droite.

L'instructeur répète ensuite le même exercice ; mais, au lieu de rectifier d'abord par ses propres yeux le pointage exécuté à tour de rôle par chaque soldat, il le fait vérifier successivement par tous les autres, en demandant à chacun de ces derniers si la ligne de mire passe à droite ou à gauche, au-dessus ou au-dessous du point désigné. Lorsque tous les hommes ont exprimé leur opinion, l'instructeur donne la sienne et corrige ainsi toutes les erreurs qui auraient pu être commises.

Lorsqu'on donne l'instruction du pointage hors des chambres, on fait viser le centre du cercle noir d'une cible réglementaire placée à 200 mètres, si le terrain le permet.

ART. 2.

POSITION DU TIREUR A PIED.

Lorsque les hommes connaissent suffisamment le pointage, on leur enseigne à prendre la position du tireur à pied.

Les cavaliers étant placés sur un rang à un pas d'intervalle et au port d'armes, l'instructeur donne lentement le détail de la position en exécutant lui-même les mouvements prescrits.

POSITION DU TIREUR A PIED. — 1 *temps.* **— 2** *mouvements.*

Commé il est prescrit à l'école du cavalier à pied, n° 70.

POINTEZ. — UN TEMPS.

Élever l'arme avec les deux mains sans brusquer le mouvement, le corps restant droit, la tête levée ; appuyer la crosse contre l'épaule, la main gauche fermée, et plus ou moins rapprochée de la capucine, suivant la conformation de l'homme ; le coude gauche abattu et en dedans, la monture reposant sur la paume de la main.

Fermer l'œil gauche, élever l'épaule droite sans effort en amenant le coude à peu près à la même hauteur. Pencher le moins possible la tête à droite, mais arriver à placer l'œil droit sur le prolongement de la ligne de mire ; maintenir l'arme dans sa position, la hausse et le guidon n'inclinant ni à droite ni à gauche ; le pouce de la main droite en travers sur la poignée, la deuxième phalange du premier doigt en avant de la détente sans la toucher, les autres doigts entourant la poignée et s'aidant du pouce pour maintenir l'arme.

L'instructeur, après avoir détaillé la position du tireur et celle de pointez, les fait prendre par chaque soldat en commençant par le premier placé à la droite du rang. Il s'approche de celui qu'il veut instruire, afin de soutenir l'arme de ce soldat en portant la main à la grenadière. Il aide ainsi dans le commencement les hommes à prendre la position et diminue leur fatigue, pendant le temps employé à leur donner les premiers enseignements et à rectifier les positions.

L'instructeur fait ensuite prendre la position par le même soldat sans le guider et sans soutenir son arme. Après lui avoir indiqué, s'il y a lieu, en quoi sa position est défectueuse, il la lui fait quitter.

Pour faire prendre ou quitter la position, l'instructeur dit :

PRENEZ LA POSITION DU TIREUR A PIED.—POINTEZ.—QUITTEZ LA POSITION.

Lorsque l'instructeur passe d'un soldat à un autre pour enseigner la position prescrite, il ordonne à celui qu'il quitte de prendre de lui-même la position, de la garder un instant, de la quitter et de la reprendre autant de fois qu'il le pourra, pendant que l'instruction sera donnée aux autres.

Lorsque les hommes doivent prendre et quitter fréquemment leur position, il faut leur recommander de ne point armer.

L'instructeur fait ensuite prendre la position par tous les hommes à la fois, et les laisse en joue pendant un temps suffisant pour qu'ils s'affermissent dans la position prescrite, mais assez court cependant pour ne pas occasionner une fatigue trop grande.

Placé devant le rang, l'instructeur adresse des observations aux soldats pour rectifier leur position. On ne prescrit pas aux soldats de viser un point désigné, mais seulement de faire passer un rayon visuel par les deux points de la ligne de mire, et de tenir cette ligne à peu près horizontale.

ART. 3.

POINTAGE SUR LA POSITION DU TIREUR A PIED.

Lorsque les cavaliers sont suffisamment affermis dans la position du tireur à pied, ils sont exercés à la garder, en visant un point que l'instructeur désigne.

L'instructeur leur prescrit de diriger d'abord la ligne de mire au-dessous du point désigné, et d'élever lentement cette ligne jusqu'à ce qu'elle passe par le point qu'il faut viser, de l'arrêter sur ce point en conservant l'immobilité de l'arme et du corps.

ART. 4.

CONSERVATION DE L'IMMOBILITÉ DE L'ARME ENTRE LES MAINS DU TIREUR PENDANT QU'IL AGIT SUR LA DÉTENTE, ET APRÈS QUE LE CHIEN A ÉTÉ ABATTU SUR LE TAMPON.

On maintient facilement la ligne de mire d'une arme dans la direction donnée, tant qu'il s'agit de ne pas appuyer sur la détente pour faire partir le coup ; mais lorsqu'on en vient là, il se présente une difficulté assez grande.

En appuyant sur la détente, on risque de déranger l'arme, de sorte que, bien dirigée avant qu'on ait touché la détente, elle peut ne plus l'être au moment où le coup part.

Il faut que le tireur ne cesse pas de maintenir la ligne de mire de son arme sur le point visé, pendant tout le temps qu'il agit sur la détente, et tant que le coup n'est pas parti. Le coup doit le surprendre, occupé à maintenir la ligne de mire sur le point visé.

Le tireur parvient à ce résultat, s'il retient sa respiration au moment où il commence à toucher la détente, jusqu'à ce que le coup soit parti ; s'il n'agit point brusquement sur elle, s'il sait exercer par degrés une pression de plus en plus forte sur ce levier, s'il place le doigt de manière à lui laisser toute sa force, et à lui communiquer des mouvements très-restreints, en le faisant agir non point par l'extrémité, mais par la deuxième phalange, autant que la conformation de l'homme le permet.

Lorsqu'on exécute, soit dans les chambres, soit sur le terrain, les exercices prescrits par le présent article, le tampon doit être sur la cheminée, et l'on veille à ce que le tampon n'empêche pas de viser.

L'instructeur indique successivement à chaque soldat la manière d'agir sur la détente, il prend devant lui une position commode semblable au 2ᵉ mouvement du 1ᵉʳ temps de la charge.

Dans cette position il tient l'arme à la poignée de la main droite, engage le premier doigt en avant de la détente, jusqu'à la deuxième phalange, et agit par degrés sur la détente, en regardant le tampon placé sur la cheminée. Il fait prendre cette même position et exécuter ces mêmes mouvements par chaque soldat, et lui montre la manière d'agir sur la détente.

Après avoir fait répéter cet exercice plusieurs fois par chaque homme, l'instructeur explique à son détachement comment on doit opérer, lorsqu'on veut faire partir le coup sans déranger l'arme, après avoir visé et pris les positions prescrites par la présente instruction ou par l'école du cavalier.

On donne cette explication de la manière suivante :

Agir par degrés sur la détente avec la deuxième phalange du premier doigt de la main droite, en retenant la respiration de telle sorte que le coup (1) surprenne le tireur occupé à maintenir la ligne de mire sur le point visé.

Rester en joue un instant après que le coup est parti, et s'assurer que la ligne de mire passe encore par le point premièrement visé (2).

___

(1) Dans le tir simulé dont est il question, le coup est le choc du chien sur le tampon.

(2) Quand on tire réellement on ne peut rester en joue, une fois le coup parti, mais si dans le tir réel il se produisait un long feu, le tireur habitué à rester en joue, comme il est prescrit dans cet article, ne dérange pas l'arme avant que le coup soit parti, et le long feu n'empêchera pas le coup d'être bon.

Nota. On reconnaît un bon tireur à l'immobilité que conserve son arme, lorsqu'un raté a lieu dans le tir.

L'instructeur prescrit au soldat de prendre la position du tireur à pied, et de faire partir le coup sans commandement, comme il vient d'être expliqué. Il désigne aux hommes le point qu'ils doivent viser, indique la distance réelle ou supposée du but, et exige qu'on applique la règle de tir de cette distance. Il corrige les positions et reconnaît facilement, par les mouvements de leurs armes, les hommes qui n'ont pas d'aplomb et qui ne savent pas agir sur la détente.

ART. 5.

—

TIR AVEC DES CAPSULES.

Cet article est une répétition du précédent, avec cette différence que l'on abat le chien sur une capsule au lieu de l'abattre simplement sur le tampon, et qu'on ne montre plus au soldat la manière d'agir sur la détente, comme il est prescrit au commencement de l'article 4.

Les soldats visent l'un après l'autre sur la mèche d'une chandelle placée à une distance de la bouche du canon mesurée par la longueur de la baguette de fusil. Ils ont soin de diriger d'abord la ligne de mire au-dessous de la mèche, d'élever lentement le guidon de manière à faire partir le coup, lorsque la ligne de mire est dirigée sur le centre de la mèche enflammée.

Si les hommes sont affermis dans les positions, s'ils savent viser, s'ils conservent l'immobilité en visant, et en faisant partir le coup, ils éteindront très-souvent la chandelle.

L'exercice du tir aux capsules se fait dans les chambres.

ART. 6.

—

TIR AVEC DES CARTOUCHES A POUDRE.

Dans le tir aux cartouches à poudre, on se conforme aux principes prescrits précédemment.

L'instructeur forme son détachement de 12 hommes sur le terrain, comme il a été ordonné article 1er.

Les hommes font feu successivement sur la cible placée, ou supposée à une distance réglementaire du but.

6

Art. 7.

—

Les distances réglementaires de tir, pour le cavalier à pied, sont celles de 100, 200 et 250 mètres.

Elles sont mesurées et marquées sur le champ de tir par les soins du capitaine instructeur.

Les surfaces sur lesquelles doivent être recueillies les balles aux diverses distances sont :

A 100 mètres, 1 cible.

A 200 et 250 mètres, 2 cibles contiguës.

Le tir à chaque distance se fait en une seule séance.

Les anciens et les jeunes soldats tirent aux mêmes distances et sur des buts de même dimension.

A chaque séance on fait brûler quatre cartouches à balle par les anciens et par les jeunes soldats.

Le tir de ces quatre balles est toujours précédé d'un tir simulé, dans lequel chaque cavalier brûle une cartouche à poudre.

Cet exercice préparatoire sert à rappeler à chaque cavalier la règle de tir de la distance, et a de plus l'avantage de flamber l'arme.

Les instructeurs doivent faire exécuter ce feu simulé avec beaucoup de soin, et faire pendant cet exercice toutes les observations et rectifications qu'ils jugent nécessaires.

Pendant le tir à balle, les instructeurs et les officiers qui dirigent le feu évitent de se placer trop près du tireur ; ils font peu d'observations pour ne pas distraire son attention.

Si celui-ci a mal appliqué quelque principe essentiel, on lui explique après le coup la faute qu'il a commise, et on lui apprend comment il doit l'éviter.

Les sous-officiers participent à tous les tirs de cette leçon.

Les escadrons étant sur le champ de tir sont divisés en quatre pelotons. Les pelotons qui attendent leur tour pour tirer reprennent pendant quelque temps les exercices du titre IV (art. 1 à 4). Le reste du temps est employé à l'appréciation des distances. On doit insister surtout sur la règle de tir de la distance à laquelle on va tirer.

Le peloton qui doit exécuter son tir est formé sur deux rangs, le front de la troupe placé perpendiculairement au plan de tir et à quinze mètres environ en arrière du point que doit occuper le tireur.

Chaque cavalier de ce peloton reçoit une cartouche à poudre et quatre cartouches à balle et reste l'arme au pied.

Avant de commencer le tir, l'officier de peloton fait sonner un demi-appel.

A ce signal, chacun se place à son poste ; les officiers et les sous-officiers près du point que doit occuper le tireur ; le sous-officier observateur derrière l'épaulement placé à côté et en avant de la cible.

Le sous-officier commande ensuite aux trois premières files du peloton de se porter en avant, les arrête lorsqu'elles ont marché l'espace de dix mètres, les fait placer sur un rang, et fait exécuter la charge à volonté ; puis il commande l'arme au bras.

Lorsqu'on a donné le signal pour commencer le feu, le cavalier de droite se porte directement au point que doit occuper le tireur, fait feu, se retire par la droite, et vient reprendre sa place, il recharge son arme aussitôt, sans commandement et met l'arme au bras.

Le deuxième homme de droite suit le mouvement du premier, se place au port d'arme à trois pas derrière lui, et se tient prêt à le remplacer ; il fait feu à son tour, se retire par la droite et vient se placer à la gauche du premier homme et sur le même alignement; il recharge son arme aussitôt sans commandement et met l'arme au bras.

Lorsque les six cavaliers ont fait feu, le premier homme de droite tire de nouveau, et le mouvement continue ainsi jusqu'à l'épuisement des quatre cartouches.

Si une arme rate, le cavalier se retire, se place à la gauche du tireur qui le remplace et remet son arme en état, puis fait feu à l'avertissement du sous-officier, et reprend sa place de manière que les tireurs reviennent toujours dans le même ordre.

Quand ce premier groupe a terminé son feu, il se retire et se place à la gauche du peloton l'arme au pied.

Le sous-officier fait avancer les trois files suivantes, procède pour elles comme il a fait pour les premières, et le tir continue ainsi jusqu'à ce que tout le détachement ait terminé son tir.

Le sous-officier remplit la colonne de balles mises dans la situation d'effectif à mesure que le tir à lieu.

Les balles mises dans le cercle noir n'ont pas plus de valeur, sur les registres de tir que celles qui ont touché un autre point de la cible.

Un sous-officier placé dans un abri creusé au pied de la butte et couvert par un petit épaulement en terre damée, d'une épaisseur de un mètre au minimum, indique à l'aide d'un fanion les balles qui touchent la cible et le noir ; il soulève le fanion et le laisse immobile pendant un instant lorsqu'il veut signaler une balle ayant frappé la cible hors du cercle noir ; il indique que la balle a touché le cercle noir en soulevant le fanion et en l'agitant en l'air.

Il faut une grande attention dans le service du sous-officier chargé de signaler les balles ayant touché le but.

Toutes les fois qu'une balle frappe la cible, le trompette sonne un demi-appel ; si la balle touche le cercle noir, le trompette sonne en plus un refrain.

Après le tir de chaque peloton, l'officier, aidé du sous-officier ou d'un brigadier, compte le nombre de trous de balle marqués sur la cible. Le maréchal des logis instructeur doit, d'après ce relevé, rectifier le mieux possible les notes prises pendant le tir, en se souvenant des coups douteux qu'il a dû marquer sur son calepin.

L'officier instructeur tient note des résultats généraux.

TITRE V.

PRATIQUE DU TIR A CHEVAL.

EXERCICES PRÉPARATOIRES.

ARTICLE 1er.

DRESSAGE DU CHEVAL.

On ne saurait apporter trop de soin pour que cette partie de l'instruction soit bien dirigée. C'est, en effet, la base de l'instruction tout entière. Si le cheval n'est pas familiarisé avec le bruit des armes, s'il n'est pas obéissant à la main et aux jambes du cavalier, c'est en vain que l'on attendrait un résultat utile de l'emploi du fusil.

Il faut nécessairement que le cavalier n'ait pas à s'occuper, pour ainsi dire, de son cheval, quand il a à se servir de son fusil.

Le point le plus essentiel est donc d'accoutumer le cheval au bruit des armes. L'ordonnance indique les moyens pour y parvenir ; il faut les employer avec une grande persévérance, si l'on veut obtenir de bons résultats.

Quand la troupe que l'on doit exercer est en bataille sur le terrain de tir, il suffit d'un seul cheval qui se défende, pour que cet exemple devienne contagieux, et que, par cela même, la leçon soit tellement troublée qu'il faille l'interrompre.

Le tact et la patience de l'instructeur pourront seuls triompher de ces espèces de vertige, et l'un des moyens les plus efficaces, est d'isoler les chevaux en les plaçant en colonne par un avec distance, ou en les séparant les uns des autres, afin de les mettre dans de meilleures conditions d'obéissance.

Il importe de ne faire exécuter le tir à poudre que lorsque le cavalier sera parfaitement maître de son cheval, et il ne saurait être question de tirer à la cible à balles que lorsque l'instruction précédente aura été bien comprise et bien exécutée. Il faut autant que possible que, dans l'instruction du tir, chaque cavalier monte son propre cheval.

ART. 2 (1).

POSITION DU TIREUR A CHEVAL (DE PIED FERME).

Les cavaliers étant formés sur un rang, à trois mètres d'intervalle et à la position : haut le fusil, l'instructeur donne le détail suivant et le fait exécuter en remplaçant les commandements par de simples indications.

POSITION DU TIREUR A CHEVAL. — 1 TEMPS.

Abattre l'arme dans la main gauche, comme au 1er temps de la charge, armer, engager le petit doigt de la main droite dans l'extrémité des rênes; saisir les rênes avec cette même main, les ongles en dessous et au-dessous du bouton coulant ; abandonner les rênes de la main gauche ; élever l'arme avec cette main en ployant le bras, les ongles en dessus et contenir l'arme horizontalement la crosse à droite et à hauteur des épaules.

---

(1) La position du tireur à cheval indiquée dans cet article, n'est pas exactement la même que celle expliquée aux paragraphes 402, 403 et 404 de la 4e leçon de l'école du cavalier, mais l'armement de la cavalerie légère ayant été modifié et les principes du tir généralisés, on a cru devoir adopter la rédaction ci-dessus.

POINTEZ ET TIREZ. — 1 TEMPS.

Mettre en joue, comme il est prescrit dans le tir à pied en ouvrant la main droite et contenant avec le petit doigt de cette main l'extrémité des rênes, le bout du canon dirigé entre l'épaule et l'oreille gauche du cheval ; appuyer le premier doigt sur la détente et faire feu sans déranger l'arme, ressaisir les rênes avec la main gauche et reprendre la position du 1ᵉʳ temps de la charge en abandonnant les rênes de la main droite.

NOTA. La position en joue laisse les rênes flottantes afin que l'arme ne ressente pas les oscillations de l'encolure et que les mouvements de la main, liés à ceux du canon, ne soient pas transmis au cheval ; mais cette position ne doit interrompre l'usage des rênes que pendant un temps très-court, et l'instructeur doit tendre à en abréger la durée, en habituant le cavalier à ajuster très-promptement.

ART. 3.

—

SIMULACRE DU TIR DE PIED FERME.

Les cavaliers sont formés sur un rang et vis-à-vis de la cible.

On plante dans la direction du peloton à la cible un jalon indiquant la distance d'où les cavaliers doivent tirer.

Pour donner aux cavaliers en marche l'habitude de se placer promptement, de manière à faire feu sur les objets situés en avant d'eux, sur leur gauche, sur leur droite ou en arrière, l'instructeur fait exécuter les mouvements ci-après détaillés.

TIR EN AVANT.

Le cavalier désigné sort du rang, fait haut le fusil, et marche droit au jalon ; quelques pas avant d'y arriver, il prend la position du tireur à cheval, à la hauteur du jalon, il s'arrête, fait un quart d'à-droite, pointe et tire. Ensuite, il se remet en marche, fait demi-tour après quelques pas et revient en chargeant son arme, se former à dix pas en arrière du rang vis-à-vis de la place qu'il occupait.

TIR A GAUCHE.

Le cavalier désigné sort du rang, fait haut le fusil ; tourne à gauche, ensuite à droite, et marche droit devant lui jusqu'à la hauteur du jalon. Là, il tourne à droite et se dirige sur le jalon, quelques pas avant d'y arriver, il prend la position du tireur à cheval; lorsqu'il en est près il s'arrête, pointe et tire à gauche. Ensuite, il se remet en marche et revient en chargeant son arme, se former à dix pas en arrière du rang, vis-à-vis de la place qu'il y occupait.

TIR A DROITE.

Le cavalier désigné sort du rang, fait haut le fusil; tourne à droite, ensuite à gauche et marche droit devant lui jusqu'à la hauteur du jalon. Là, il tourne à gauche et se dirige sur le jalon, quelques pas avant d'y arriver, il prend la position du tireur à cheval; lorsqu'il en est près, il fait cinq quarts d'à-droite, s'arrête, pointe et tire. Ensuite, il fait cinq quarts d'à-gauche, se remet en marche et revient en chargeant son arme, se former à dix pas en arrière du rang, vis-à-vis de la place qu'il y occupait.

TIR EN ARRIÈRE.

Le cavalier désigné sort du rang, et se dirige vers la cible de manière à la laisser un peu à sa droite. Arrivé à sa hauteur, il tourne autour, prend la position du tireur à cheval, et s'arrête lorsqu'il se trouve entre la cible et le rang à hauteur du jalon, il s'enlève légèrement sur les étriers, se retourne en pesant sur l'étrier droit, pointe et tire en arrière. Ensuite il se remet en selle, repart droit devant lui et revient, en chargeant son arme, se former à dix pas en arrière du rang, vis-à-vis de la place qu'il y occupait.

Les cavaliers exécutant correctement ces mouvements au pas y sont exercés en marchant au trot et au galop.

Nota. Pour le tir au galop, le cavalier prend à l'avance, c'est à dire dès qu'il a fait haut le fusil, la position du tireur à cheval.

ART. 4.

———

POSITION DU TIREUR EN MARCHANT.

Comme il est prescrit pour le tireur de pied ferme.

POINTEZ ET TIREZ.

Ces mouvements sont semblables à ceux exécutés dans le tir de pied ferme, avec cette différence que le tireur en marche doit soustraire son assiette aux réactions du cheval pendant le temps nécessaire pour ajuster et assurer l'immobilité de l'arme ; à cet effet, le cavalier doit s'enlever légèrement sur les étriers, étreindre solidement le cheval entre les genoux, et pencher le haut du corps en avant pour aider au maintien de son équilibre et à l'entretien de l'allure.

Art. 5.

TIR EN MARCHANT.

L'instructeur fait exécuter, en marchant, le tir en avant, à gauche et en arrière, conformément aux principes prescrits de pied ferme. Ces mouvements sont exécutés d'abord au pas et ensuite au galop.

Quand on exécute le tir au galop, on recommande aux cavaliers de laisser allonger un peu l'allure au moment de mettre en joue pour diminuer les réactions du cheval, de reprendre moelleusement les rênes après avoir fait feu et de se remettre légèrement en selle.

Le cavalier est exercé dans le tir en marchant, à recharger son arme après avoir fait feu ou, à repasser le fusil à la grenadière pour mettre le sabre à la main.

Nota. Ces mouvements doivent être exécutés avec célérité, afin de pouvoir en faire une utile application dans les circonstances de la guerre. On pourra compléter avantageusement cette instruction, en plaçant au delà de la cible une tête que le cavalier devra pointer ou sabrer.

Art. 6.

TIR AVEC DES CARTOUCHES A POUDRE.

Pour accoutumer les chevaux à la détonation et confirmer les cavaliers dans l'application des principes, on répète tous les exercices indiqués précédemment avec des cartouches à poudre, de pied ferme, en marchant au pas et au galop.

Dans le tir de pied ferme, il est difficile d'obtenir l'immobilité complète du cheval, mais le tact et l'adresse peuvent y suppléer, et le cavalier doit faire feu au moment où le piétinement habituel du cheval laisse un temps d'arrêt que son assiette doit lui faire sentir.

Le cavalier doit aussi avoir le plus grand soin de diriger son canon de manière que la gerbe de grains de poudre et de gaz qui s'échappe du canon après l'explosion ne puisse jamais atteindre les oreilles du cheval.

Art. 7.

TIR INDIVIDUEL AUX DIFFÉRENTES DISTANCES.

Le tir à balle s'exécute quand la disposition du terrain et la grande habitude que les hommes et les chevaux ont acquis du tir à poudre rendent cet exercice sans danger.

On tire de pied ferme, en avant, à droite, à gauche et en arrière, en marchant au pas et au galop, en avant et à gauche. Les distances réglementaires pour le tir à cheval sont celles de 100, 200 et 250 mètres.

Le tir se fait pour chaque distance en une seule séance et à raison de quatre cartouches par homme.

On se conforme aux principes prescrits pour le tir à cheval avec des cartouches sans balle ; les cavaliers maladroits et les chevaux qui ne sont pas assez calmes sont exclus de cet exercice.

TIR DU PISTOLET RAYÉ.

PREMIÈRE PARTIE.

RÈGLES DU TIR.

Les notions théoriques développées pour le tir du fusil de dragon sont applicables au tir au pistolet.

Les règles du tir se bornent au pointage de but en blanc et peuvent être appliquées avec un degré suffisant de justesse jusqu'à 50 mètres, mais la pratique permet de réduire cette distance à 25 mètres.

Pour faire usage de la cartouche du fusil avec le pistolet, il faut la saigner, c'est-à-dire jeter une partie de la poudre de manière à la réduire de 4 grammes 50 à 2 grammes, environ la moitié.

Cette mesure exacte de la poudre à jeter est donnée par la capacité de l'évidement de la tête de la baguette.

Les cartouches sans balle conservent le dosage réglementaire.

TIR AU PISTOLET.

Le cavalier ne doit faire usage du pistolet qu'à cheval et isolément ;

mais il est nécessaire de l'initier aux principes du tir de cette arme, et de lui enseigner les détails de position qui peuvent en faciliter l'application.

A cet effet, les cavaliers étant placés comme il est prescrit pour le pointage du fusil, l'instructeur donne l'explication suivante :

POINTEZ. — 1 TEMPS.

Abaisser le pistolet le bras demi-tendu, poser le premier doigt sur la détente, le bout du canon dirigé au centre du but.

Dans cette position, le cavalier doit éviter de serrer les doigts pour éviter le tremblement de la main.

TIR A PIED.

Le cavalier est exercé à tirer en avant, à gauche, à droite et en arrière, en suivant exactement la progression et la série des mouvements préparatoires indiqués pour le tir du fusil.

TIR A CHEVAL.

Les cavaliers sont disposés et exercés comme il est prescrit dans le tir à cheval du fusil, en prenant la position indiquée dans le tir à pied du pistolet.

Ils exécutent le tir en avant, à gauche, à droite, en arrière ; de pied ferme, en marchant au pas et au galop.

RENSEIGNEMENTS SUR LE FUSIL DE DRAGONS ET LE PISTOLET.

	PISTOLET MODÈLE 1822 transformé (*bis*).	FUSIL MODÈLE 1822 transformé (*bis*).	FUSIL MODÈLE 1842 transformé	FUSIL MODÈLE 1853.
Poids de l'arme.	1ᵏ228	3ᵏ900	»	»
Longueur totale.	0ᵐ349	1ᵐ360	1ᵐ360	1ᵐ360
Longueur du canon.	0 200	0 924	0 920	0 920
Calibre du canon.	0 047 7	0 047 8	0 018	0 047 8
Rayures. . { Nombre 4	»	»	»	»
Profondeur.	0 000 2	0 000 2	0 000 2	0 000 2
Largeur.	0 007	0 007	0 007	0 007
Pas.	0 50	2 00	2 00	2 00
Balle modèle 1857. { Poids.	0ᵏ32	0ᵏ320	0ᵏ320	0ᵏ32
Diamètre	0ᵐ047 2	0ᵐ047 2	0ᵐ047 2	0ᵐ047 2
Cartouche modèle 1857 :				
Poids total de la charge.	0ᵏ002	0ᵏ004 5	0ᵏ004 5	0ᵏ004 5
Poids de la charge des cartouches sans balle	240 au kil.	»	»	»

MATÉRIEL D'INSTRUCTION, MUNITIONS, CIBLES, ETC.

DES CARTOUCHES.

ÉLÉMENTS DE LA CARTOUCHE A DOUBLE ENVELOPPE ET A BALLE M. 1857.

1° La balle du poids de 32 grammes 5 du calibre de 17,2.

On distingue dans la balle le méplat, la partie antérieure ogivale, les deux parties cylindriques, la cannelure, l'évidement pyramidal triangulaire.

2° La charge de poudre du poids de 4 grammes 50.

3° Un petit rectangle en carton de la consistance d'une carte à jouer (base $0^m,082$, hauteur $0^m,042$).

4° Un petit trapèze de papier (grande base $0^m,150$, petite base $0^m,120$, hauteur $0^m,058$).

5° Un trapèze-enveloppe (grande base $0^m,150$, petite base $0^m,080$, hauteur $0^m,045$).

6° De la graisse composée de quatre parties de suif et d'une de cire.

ÉLÉMENTS DU PAQUET DE CARTOUCHES.

1° Six cartouches.

2° L'enveloppe rectangulaire en papier ordinaire sans couleur spéciale, épais et fort (base $0^m,34$, hauteur $0^m,14$).

3° Un petit sachet de huit capsules (rectangle enveloppe du sachet, hauteur $0^{mm},45$, base $0^m,185$; rectangle pour la languette, hauteur $0^m,092$, base $0^m,145$).

4° Un bout de ficelle de 50 centimètres de longueur.

CIBLES, CORDEAUX, ETC.

Indépendamment des munitions, le matériel nécessaire à l'instruction du tir d'un régiment se compose :

1° De 12 cibles simples.

Les buts sur lesquels on dirige les coups aux diverses distances sont établis conformément aux prescriptions avec des cibles simples.

2° D'une chaîne d'arpenteur pour la mesure exacte du tir.

3° De deux cordeaux de 25 mètres à poignées en bois , par escadron , pour l'appréciation des distances.

4° D'une règle graduée pour la mesure de l'adresse des tireurs.

5° D'un fanion par escadron et de deux fanions pour les jeunes soldats.

6° De couleur noire, pinceaux, papier, colle pour la réparation des cibles.

La cible se compose de deux montants en fer, assemblés au moyen de quatre traverses rivées sur les montants.

Les montants se terminent par des pointes qui dépassent la traverse inférieure de 0,15. Ces pointes servent à planter la cible dans le sol ; un arc-boutant en fer, indépendant de la cible, sert à la maintenir par derrière. Lorsque la cible est plantée, on engage le crochet de l'arc-boutant dans l'anneau faisant corps avec la seconde traverse, le bec du crochet en dessus ; on plante l'arc-boutant et la cible se trouve fixée.

Le cadre en fer de la cible est revêtu d'un manchon en toile de coton, recouvert de papier collé. Après le tir, on colle des morceaux de papier sur les trous faits par les balles ; et, à la longue, ces morceaux collés et superposés forment à la surface de la cible une feuille de carton résistant. Ces cibles sont d'un bon entretien. Sur le champ de tir, il faut avoir soin de placer la surface de la cible dans un plan vertical perpendiculaire au plan du tir, et d'aplanir le terrain devant elle.

TITRE VI.

NOTIONS COMPLÉMENTAIRES.

CHAPITRE PREMIER.

DES CAUSES POUR LESQUELLES ON PEUT MANQUER LE BUT DANS LE TIR DU FUSIL DE DRAGON ET DU PISTOLET.

On peut avec le fusil de dragon ou le pistolet, et en général avec toutes les armes à feu, manquer le but par des causes très-différentes :

1° Parce que l'on ignore ou que l'on omet d'appliquer les principes du tir de l'arme que l'on a entre les mains, et les moyens suivant lesquels cette arme doit être chargée , maintenue , dirigée et tirée ;

2° Parce que la balle peut éprouver et éprouve généralement des déviations à sa sortie du canon et pendant son trajet dans l'air.

Les premières causes peuvent être considérablement atténuées par les soins que l'on doit donner à l'instruction théorique et pratique des tireurs.

Les secondes tiennent à la nature de l'arme et aux influences extérieures qui agissent sur la balle. Le tireur le plus habile ne peut modifier en rien les effets de quelques-unes de ces causes.

Les moyens suivant lesquels l'arme doit être maintenue et tirée ont été expliqués dans la présente instruction.

Les principes généraux du tir que cette instruction renferme doivent être appliqués avec discernement. Les armes ne sont pas toujours d'une construction régulière et parfaite, comme on le suppose en théorie. Quelquefois, par exemple, la ligne de mire du fusil n'est pas exactement dans un même plan dans l'axe du canon. Il arrive alors que l'on ne peut placer le but dans le même plan du tir visant directement. Il faut, dans ce cas, corriger le défaut que présente le fusil, en déplaçant et replaçant convenablement les points qui déterminent la ligne de mire, ou bien en visant à droite ou à gauche du but, suivant que la ligne de mire passe à droite ou à gauche du plan de tir, en avant du canon. La quantité dont il faut viser à droite ou à gauche est proportionnelle à la distance du but, et dépend de l'irrégularité que présente le canon. Cette irrégularité est très-rare et très-peu notable dans les fusils sortant des manufactures d'armes.

Le tireur doit avoir soin, comme on l'a prescrit dans les leçons précédentes de la pratique du tir, de tenir son arme de telle sorte que la ligne de mire soit placée dans le plan de tir.

S'il penchait son fusil à droite ou à gauche, la ligne de mire sortirait du plan de tir. L'arme étant penchée à droite, le coup porterait à droite du point visé, et la portée serait diminuée. La balle passerait à gauche du point visé, et la portée serait encore diminuée, si l'arme était penchée à gauche. Ces effets sont d'autant plus marqués que l'arme est plus penchée et que la distance du but est plus grande.

La justesse peut beaucoup varier d'une arme à une autre, principalemet à cause des différences qui existent dans les calibres. Ces différences peuvent atteindre 0ᵐ,6 dans les fusils rayés actuellement en service. Les canons dont le calibre est trop fort donnent des résultats inférieurs à ceux qu'on obtient dans les calibres réglementaires.

L'encrassement produit par un tir prolongé diminue la justesse et la portée de l'arme. Quand on sera dans la nécessité de tirer un grand nombre de coups sans laver le fusil, on pourra, au bout de vingt-cinq coups environ, faire disparaître l'encrassement de la manière suivante :

On bourrera très-fortement une balle, et on placera par dessus un tampon mâché, préparé avec l'enveloppe d'un paquet de cartouches. Ce tampon, fortement bourré sur la balle, enlèvera, en sortant du canon, toute la crasse préjudiciable au tir.

Des cartouches mal confectionnées ou détériorées dans les transports mettent le tir dans des circonstances exceptionnelles, qui donnent souvent de très-grandes déviations par rapport à la trajectoire moyenne de l'arme. Ces déviations sont généralement dans le sens vertical; ainsi, lorsque la charge est trop faible, ou qu'une partie de la poudre a été réduite en pulvérin, la vitesse initiale de la balle est diminuée et la portée raccourcie. Si l'on applique les règles de tir déterminées par la connaissance de la trajectoire moyenne, les balles frapperont au-dessus du point à atteindre et souvent n'arriveront pas jusqu'au but. Si la quantité de poudre perdue est considérable, la balle ne se force pas et n'a aucune justesse.

Les mêmes faits peuvent se présenter avec une charge de poudre exacte et en bon état, que l'on bourre trop fortement; une partie de la poudre se réduit en pulvérin, ce qui diminue la force d'impulsion ainsi que la portée.

La densité, l'état hygrométrique de l'atmosphère, ont encore une influence très-sensible sur l'énergie de la poudre et sur la portée des balles. Cette influence peut être appréciable en comparant les résultats obtenus dans deux journées consécutives ; mais elle devient surtout très-sensible, quand on compare des tirs faits dans des saisons différentes.

On voit, d'après ces observations, qu'il y aura lieu de modifier les règles de tir suivant le temps et l'état de conservation des munitions. Il est impossible de donner des règles précises à cet égard ; les modifications sont déterminées avant chaque tir par quelques coups d'essai.

Afin de tirer du fusil de dragon rayé le meilleur parti possible, les officiers doivent apporter au pointage les modifications qu'ils jugeront utiles, soit à cause du temps, soit par suite de l'état des munitions.

L'agitation de l'atmosphère exerce aussi une influence sur la justesse du tir. Si le vent souffle de droite, par exemple, la balle est jetée à gauche. Elle sera jetée à droite, si le vent souffle de gauche ; soulevée, si le vent vient d'arrière ; abaissée, si le vent vient de face ; soulevée et jetée à gauche en même temps, si le vent vient d'arrière et de droite, etc.

L'intensité et la direction des vents sont des choses trop variables pour que l'on puisse indiquer des règles précises dans le but de corriger l'action du vent sur le tir.

C'est aux officiers instructeurs qu'il appartient de guider les hommes pour neutraliser autant que possible l'action de cette cause déviatrice.

CHAPITRE II.

PRIX DE TIR.

Les prix de tir ont pour but d'exciter entre les hommes de troupes une louable émulation, concourant à féconder les résultats obtenus sous l'influence d'une instruction individuelle bien dirigée.

Ce mode d'encouragement devant être accordé avec toute l'impartialité d'un concours et selon la destination réelle de l'exercice du tir, il est nécessaire de régler, dans des limites variables, les droits acquis à l'adresse spéciale du tireur et à l'habileté équestre du cavalier.

A cet effet, l'adresse du tireur sera éprouvée à pied par un premier concours, et une deuxième épreuve, faite à cheval entre les meilleurs tireurs, servira à constater pour chacun le parti plus ou moins avantageux qu'il sait obtenir de la régularité de son tir.

Les prix seront institués et décernés conformément aux dispositions suivantes : Un prix est donné aux sous-officiers du régiment, quatre prix sont donnés aux brigadiers et cavaliers du régiment ; ces prix consistent en une gratification s'élevant à la somme de 15 francs pour les brigadiers et cavaliers, et 30 francs pour les sous-officiers.

Le concours a lieu d'une part entre les sous-officiers, et d'autre part entre les brigadiers, les anciens et les jeunes soldats.

Sont admis au concours des sous-officiers les dix premiers tireurs d'entre eux, désignés suivant les résultats de tous les tirs à la cible.

Sont admis au concours des brigadiers et cavaliers les vingt-cinq premiers tireurs désignés, sans distinction d'escadron, suivant les résultats de tous les tirs à la cible.

Ce premier concours sert à éliminer une partie des concurrents et à faire choix des tireurs à admettre pour le tir à cheval.

Sont admis au concours à cheval les cinq premiers tireurs parmi les sous-officiers et les dix premiers tireurs parmi les brigadiers et cavaliers.

Chaque tireur monte en tenue de manœuvre, en paquetage complet, le cheval immatriculé à son nom, ou désigné par le sort s'il n'est pas monté.

Le tir s'exécute de pied ferme.

Les chevaux qui ne sont pas assez calmes entraînent pour leur cavalier l'exclusion du concours, ce fait devant être considéré comme décelant un manque d'habileté de la part du cavalier ou un défaut de soin dans l'éducation de son cheval.

Le sous-officier qui, sur trois balles tirées à cheval, a mis dans la cible le plus grand nombre de balles avec la plus petite somme d'écarts, obtient le prix réservé aux sous-officiers.

Les quatre concurrents de la classe des brigadiers et cavaliers qui, sur trois balles tirées, ont mis dans la cible le plus grand nombre de balles avec la plus petite somme d'écarts, obtiennent les quatre prix réservés à à leur classe.

Si les résultats du concours à cheval ne déterminent pas la répartition de tous les prix institués, le nombre de ces prix sera réduit au nombre des tireurs ayant mis au moins une balle dans la cible dans le tir à cheval.

Ces prix seront distribués autant que possible en présence de l'inspecteur général, et seront mentionnés dans les rapports d'inspection au titre de l'instruction du régiment.

Le but servant au tir à la cible du concours est placé à 200 mètres du tireur pour le tir à pied, et à 100 mètres pour le tir à cheval.

Le tir de chaque concurrent est relevé successivement par la somme des écarts de ses quatre balles tirées. Les balles non contenues dans le panneau ou arrivées par ricochets comptent pour un écart de 3 mètres.

FERRURE.

RÉSUMÉ

DES MEILLEURS PRINCIPES

APPLICABLES A LA

MARÉCHALERIE MILITAIRE.

FERRURE

ORDINAIRE OU HYGIÉNIQUE.

PREMIÈRE PARTIE.

PRINCIPES GÉNÉRAUX.

La ferrure est une des parties les plus importantes de l'hygiène hippique, et sans laquelle on ne pourrait tirer que très-incomplétement parti du cheval de cavalerie.

La ferrure ordinaire est une opération méthodique composée d'une succession d'actions diverses, et qui consiste, en résumé, à appliquer sur le sabot une semelle en fer destinée à protéger l'ongle contre les corps extérieurs, le pavé des villes et des routes, à empêcher son usure, à prévenir sa détérioration, tout en conservant sa forme naturelle, en favorisant, autant que possible, son élasticité, la pousse régulière de la corne, l'intégrité des aplombs, et, enfin, la liberté des mouvements.

Dans l'étude de la ferrure, on doit s'occuper, non-seulement *de la préparation de la lame métallique*, mais encore *de la manière d'abattre, de parer l'ongle* pour y appliquer un fer convenable.

Il est utile qu'un bon maréchal ferrant sache l'anatomie et la physiologie du pied, car, sans ces connaissances, il ne saurait arriver, dans tous les cas, à conserver au pied sa forme naturelle, et ne pourrait pallier ou faire disparaître certaines défectuosités congéniales ou acquises.

1° *Aplomb du pied.* — Le poids du corps doit être réparti d'une manière régulière sur les quatre pieds. On s'assure de cette régularité de l'appui à l'aide de certaines lignes fictives verticales appelées *lignes d'aplombs*.

Dans l'aplomb régulier du pied, les rayons du métacarpe ont une direction perpendiculaire au sol, et se joignent à l'os du paturon de manière que ce dernier rencontre la terre sous un angle de 45 degrés environ.

L'assiette du pied est une espèce de balance du poids du corps, ayant

7.

le fléau mobile sur le centre des quartiers, et portant à ses deux extrémités deux plateaux fictifs, dans l'un desquels est la puissance et dans l'autre la résistance. Si les talons sont trop abattus, la puissance a trop d'action et tiraille les tendons ; si, au contraire, la pince est diminuée et les talons élevés, le poids est reporté sur les colonnes osseuses, et il n'est pas en partie anéanti, comme cela a lieu sous une inclinaison de 45 degrés ; il en résulte des inconvénients non moins graves. Dans l'assiette du pied, il faut donc tenir le plus grand compte de l'équilibre de ces deux forces placées en avant et en arrière du centre des quartiers. Si le fer a trop d'épaisseur en pince, si la corne de cette région est trop longue, si le pied est ferré depuis longtemps, si les talons ont été trop abattus, il en résulte une surcharge pour les parties tendineuses et ligamenteuses. Au contraire, si la pince est trop parée, si les talons ont trop d'élévation, et, enfin, si les éponges sont trop épaisses, la charge est reportée sur les colonnes osseuses.

Comme on le voit, l'étude des aplombs est de la plus grande importance pour la ferrure.

2° *Elasticité du pied.*—Pendant l'appui, le pied s'élargit en haut et en bas : la dilatation supérieure est plus considérable lorsque les phalanges se renversent en arrière ; la dilatation inférieure prédomine quand la deuxième phalange reste en position perpendiculaire sur la troisième. C'est principalement en talons que le mouvement d'expansion inférieure se fait observer dans des limites assez restreintes.

La ferrure doit encore favoriser cette propriété du pied. C'est en éloignant le plus possible les étampures des éponges, en donnant au fer une ajusture et une garniture convenables qu'on arrive à ce but.

3° *Sécrétion cornée.* — Dans l'état normal, l'accroissement du sabot a lieu d'une manière uniforme sur tous les points du bourrelet ; la ferrure a aussi pour but de maintenir et de favoriser cette pousse régulière de l'ongle. Cette sécrétion peut être ralentie ou activée sur un ou plusieurs points, selon la force des pressions transmises. En tenant compte de ces différences, on arrive à obtenir certains changements favorables à l'appui régulier du pied. Les pressions, les chocs modifient l'action sécrétoire et peuvent même l'entraver. Plus la corne est parée souvent, plus elle se régénère rapidement. L'ouvrier qui possède ces connaissances premières peut facilement se rendre maître de la forme des pieds souvent si différents, car il peut, à son gré, favoriser la sécrétion cornée dans telle partie plutôt que dans telle autre.

Quel est le meilleur système de ferrure ?

C'est en prenant ce qu'il y a de bon, de réellement utile dans chaque système, que le maréchal habile parvient à posséder une bonne méthode pratique ; il n'est pas possible de bien ferrer en n'en adoptant qu'un seul. L'ouvrier doit savoir varier sa ferrure suivant une foule de circonstances. Quoi qu'il en soit, *la ferrure à clous et à chaud* est la meilleure dans la majorité des cas ; elle permet de confectionner le fer pour le pied ; elle est d'une exécution plus facile, plus prompte, est moins dispendieuse, plus solide et, dans tous les cas, à la portée des ouvriers même médiocres. Néanmoins la ferrure à froid doit être mise en usage dans les circonstances prévues par la décision ministérielle du 22 mars.

4° Il est nécessaire d'habituer les maréchaux à savoir la pratiquer le plus habilement possible.

La ferrure à éponges tronquées, et plus ou moins modifiée de Lafosse, est utilement appliquée sur les pieds à talons serrés et dans le cas d'encastelure, comme cela s'observe surtout sur les chevaux algériens et ceux du Midi. Les fers à éponges nourries sont d'une bonne indication sur les pieds plats, à talons bas, notamment quand les animaux sont long-jointés, etc...

La ferrure unilatérale peut dans quelques cas être mise en pratique avec avantage.

Du fer ordinaire.—Ce fer doit principalement favoriser *le mouvement d'expansion des talons antérieurs tout en conservant les aplombs, en entretenant la pousse régulière de la corne et en empêchant enfin l'usure de l'ongle.*

Dans ce fer, il faut considérer : 1° la tournure ; 2° la longueur ; 3° l'épaisseur ; 4° la couverture ; 5° l'étampure ; 6° la garniture ; 7° l'ajusture ; 8° le poids ; 9° les parties accessoires.

1° ***Tournure du fer.*** — En maréchalerie, le premier principe *est de forger le fer pour le pied* et non de tailler et d'ajuster l'ongle pour le fer. Pour atteindre ce résultat, il est essentiel que l'ouvrier conserve parfaitement la forme des pieds et qu'il donne une tournure convenable à leur fer. Il doit savoir que le pied antérieur n'est pas ovale, mais que, arrondi dans la région de la pince, il s'élargit à peu près jusqu'au centre des quartiers, et de là, va en diminuant jusqu'aux talons. Il n'oubliera pas que, dans le pied bien conformé, les talons ont une élévation et un écartement suffisants, que la sole est moyennement creuse, la fourchette volumineuse, très-élastique et fortement projetée au centre de la sole ; que le talon interne est très-souvent plus bas et plus rentré. A cette conformation spéciale, il faut ajouter le développement plus considérable des fibro-cartilages latéraux. Quant au sabot postérieur, il a une forme moins arrondie, il est plus allongé dans le diamètre antéro-postérieur ; il présente des talons plus hauts, une sole plus concave, une fourchette moins volumineuse, moins souple et des fibro-cartilages moins étendus.

Le fer antérieur sera donc toujours plus arrondi en pince et en mamelles, aura la branche interne plus droite et devra, en un mot, imiter le plus exactement possible le contour du pied.

Si l'ouvrier doit s'attacher à conserver la forme particulière des sabots, il faudra aussi qu'il s'applique à régulariser cette forme par une ferrure rationnelle et appropriée, car sans cela il court le risque de perpétuer le défaut ou même de l'exagérer.

2° *Longueur du fer.* — La longueur du fer doit être telle, qu'il puisse garantir suffisamment le bord inférieur de la paroi et les talons. Pour les chevaux de cavalerie, il ne faut pas que les éponges aient trop de longueur. L'excès de dimensions en arrière expose l'animal à *forger* et détermine souvent l'arrachement du fer pendant les manœuvres d'escadrons. Les éponges seront conservées plus longues pour les chevaux de trait, à pieds ayant des talons faibles et bas. Les pieds à talons hauts et résistants, prédisposés aux resserrements, s'accommodent fort bien du fer à éponges tronquées.

Le fer ordinaire trop court, appliqué sur un pied bien conformé, ne garantit pas bien les talons, amoindrit la surface d'appui et peut fausser l'aplomb du pied.

En résumé, il n'y a rien de rigoureux relativement à la longueur du fer, qui doit être en rapport avec le service de l'animal, avec la conformation, la direction et le plus ou moins d'élasticité du pied, avec le poids du corps, l'état de ses aplombs et avec ses allures particulières. Cependant, dans la majorité des cas, la longueur de la lame métallique sera limitée à peu près par l'angle d'inflexion de la paroi.

3° *Epaisseur du fer.* — Elle doit être également relative au genre de service, au volume et au poids des animaux, à la largeur de leurs pieds et surtout en rapport avec la nature du sol sur lequel ils sont appelés à travailler. — L'épaisseur du fer sera telle qu'elle puisse résister à l'usure au moins pendant un mois, sans que le fer en s'affaissant puisse déterminer une compression douloureuse de la sole. Les chevaux de trait auront nécessairement des fers plus épais que ceux destinés aux chevaux de cavalerie légère. — Les fers couverts auront moins d'épaisseur que les fers dégagés. — Le maréchal place rarement un fer trop mince et trop léger ; presque toujours son intérêt l'excite à donner trop d'épaisseur à la lame protectrice de l'ongle, et cela afin d'augmenter sa durée. — C'est un défaut qu'on ne doit jamais tolérer, surtout quand il s'agit de chevaux ayant de petits pieds et destinés à des allures rapides. — La légèreté est un grand avantage qu'on retrouve dans le fer à éponges tronquées. — Une règle invariable, c'est *l'épaisseur égale dans toute l'étendue du fer antérieur*, soit pour conserver la rectitude des aplombs, soit pour gêner le moins possible l'élasticité du pied, soit enfin pour maintenir la régularité de la sécrétion cornée. Il est rare que cette indication soit remplie dans les régiments ; les ouvriers donnent habituellement plus d'épaisseur à la pince et à la branche externe : rarement les éponges ont l'épaisseur nécessaire.—Les éponges plus épaisses sont utiles dans les pieds à talons faibles et bas : elles s'opposent aux tiraillements tendineux et ligamenteux, en conservant l'intégrité de l'aplomb du pied ; elles n'ont aucune utilité sur les pieds à talons bien faits et peuvent même rendre les animaux droits sur les boulets quand elles sont appliquées intempestivement. On peut supporter un peu plus d'épaisseur à la pince des fers postérieurs, car c'est sur cette région que l'appui se fait principalement. D'ailleurs, cette épaisseur neutralise un peu l'effet fâcheux des crampons.

4° *Couverture du fer*. — La couverture du fer doit être complétement relative au service, au poids du cheval, à la largeur du pied, à la conformation de la sole et à la nature du terrain sur lequel doit s'exécuter la marche. — Les chevaux du train et de l'artillerie auront des fers plus couverts que ceux de la cavalerie légère. — Le pied plat exige un fer plus couvert qu'un sabot bien conformé, à sole suffisamment creuse. La couverture du fer propre au pied encastelé ne saurait convenir au fer destiné à un pied plat ayant une sole faible et bleimeuse. Rien n'est plus difficile que d'assigner le degré exact de couverture auquel il convient de s'arrêter. — Cependant, lorsque le sabot est bien conformé, a des talons hauts et ouverts ; quand la sole est concave et résistante ; alors que la fourchette est belle et élastique, il faut mettre de côté ces couvertures exagérées qui rendent les fers trop lourds, exercent une influence pernicieuse sur la forme et l'élasticité de l'ongle, tiraillent les rivets et font éclater la paroi. —Si à l'exagération de la couverture se joint *l'ajusture en bateau*, on a dans cette circonstance les deux plus grands inconvénients réunis. — Il faut se rappeler que la couverture du fer ne doit servir, en temps ordinaire, qu'à protéger le bord inférieur de la paroi et sa jonction avec la circonférence de la sole ; aussi les fers destinés aux petits pieds doivent-ils être plutôt dégagés que couverts. Dans les pieds plats et combles, la couverture remplit un rôle protecteur relativement à la conformation particulière de la sole. On peut ménager, selon les circonstances, une couverture appropriée, soit en pince, soit en mamelles ou en talons, suivant l'effet qu'on se propose d'obtenir. On a généralement l'habitude

de conserver plus de couverture à la branche interne du fer antérieur
qu'à la branche externe, afin, croit-on, de protéger ce quartier plus
faible et plus rentré, ou dans le but de répartir plus régulièrement le
poids du corps, qui a une tendance à se jeter de ce côté. Dans la pratique
raisonnée, rien ne paraît motiver cette coutume. Si cet excès de couverture de la branche interne était destiné à procurer plus de garniture,
dans certains cas particuliers, au fer, sans diminuer la protection que la
branche interne doit au quartier de ce côté, cela pourrait être admis ;
mais, dans la généralité des cas, cette habitude ne repose sur aucun ar-
gument sérieux. Il faudra donc donner aux deux branches *une couverture
et une épaisseur égales*, sauf les cas exceptionnels.

5° Étampure des fers. — Règle générale, les étampures seront le plus
éloignées possible des éponges, afin de favoriser le mouvement d'expansion des talons pendant l'appui. — On devra néanmoins se renfermer
dans de justes limites, soit afin d'assurer la solidité du fer sur le sabot,
soit pour prévenir les inconvénients qui résulteraient du trop grand
rapprochement des lames des clous dans l'épaisseur de la muraille, tels
que l'éclat de la corne, le serrement du pied par les clous, les décolle-
ments, les kéraphyllocèles, etc... Du reste, il y a peu d'inconvénients à
brocher les clous le plus près possible de la pince, puisque c'est dans
cette région que la muraille présente le plus d'épaisseur. — Dans les fers
légers, on peut supprimer au moins deux étampures sans nuire à la solidité. — Sous ce rapport, le fer à lunette de Lafosse est disposé de la façon
la plus convenable à l'élasticité. La ferrure unilatérale de Turner peut
également être essayée avec chance de succès sur les petits pieds disposés
à l'encastelure ; car, avec elle, on procure beaucoup de liberté aux talons.
Quand on place des fers étampés sur la pince et la branche externe
seulement, il est important de mettre des clous à tête plate, si on ne veut
pas s'exposer à mettre le pied de travers, au moins jusqu'au moment de
l'usure complète de la tête des clous. — Les fers lourds de nos chevaux
de trait ne pourraient, dans tous les cas, être maintenus assez solidement à l'aide de cette nouvelle ferrure.

Les étampures des fers postérieurs peuvent être placées plus près des
éponges, sans qu'il en résulte la moindre gêne pour l'ongle. Quant à la
disposition respective des étampures, celles du dehors seront placées
plus à gras, afin de ménager une garniture appropriée à chaque pied ;
elles seront assez profondes pour loger la plus grande partie de la tête
du clou. — Si on adopte les clous à tête plate pour les fers antérieurs,
ils auront l'avantage de mieux niveler le plan inférieur de la lame métallique et empêcheront le mouvement de bascule sollicité par la proé-

minence de la tête des clous ordinaires. En adoptant cette modification ,
on fera cesser bien évidemment l'action trop active du levier de la puissance sur les tendons et les ligaments, action qui ne cesse dans la ferrure
généralement pratiquée qu'au bout de quelques jours, et cela après le
nivellement de la tête des clous. Dans les fers à derrière, les clous à
tête n'ont pas d'inconvénients, puisqu'ils se trouvent placés entre les
crampons et une épaisseur plus grande de la pince. Il serait même utile
de les conserver pour une raison qu'on devine facilement.

6° *Garniture du fer.* — On ne peut donner que des règles générales
sur la garniture ; elle ne saurait être soumise à des déterminations rigoureuses, puisqu'elle doit varier suivant une foule de circonstances. Elle est
d'autant plus utile, vers les talons notamment, que ces derniers sont plus
resserrés et tendent à s'encasteler ; elle est toujours nécessaire dans les
pieds dérobés, dans ceux à paroi oblique, faible, seimeuse et à talons
bas ; mais elle est indispensable pour les pieds relativement trop petits.
—Comme la garniture est une excellente pratique, on s'attachera à la
ménager suivant les circonstances si variées de la forme du pied, selon
le service des animaux ; elle sera moindre du côté interne, dans les cas
ordinaires, afin d'empêcher les chevaux de troupe de se couper et d'arracher leurs fers pendant le travail.

Une garniture raisonnée a pour but de conserver au pied son assiette
naturelle, malgré les retranchements faits par le rogne-pied et le boutoir ;
elle doit placer l'ongle dans les mêmes conditions que si l'usure avait eu
lieu naturellement sur le sol ; elle doit donc augmenter la surface de
frottement, favoriser l'élasticité du sabot, concourir à la conservation des
aplombs , amortir les réactions qui ont alors un effet moins direct sur
la région cutigérale, faciliter l'application des clous dans l'épaisseur de
la muraille, prévenir enfin les piqûres et le serrement du sabot par les
clous.

La garniture doit ressortir habituellement à partir de la première
étampure des talons du côté externe et un peu moins en avant du côté
interne ; elle peut, du reste, varier suivant quelques cas particuliers.

7° *Ajusture du fer.* — L'ajusture est cette opération très-importante
qui consiste à donner au fer la disposition la plus convenable pour son
application sur le pied. — C'est une espèce de moulage qui a non-seulement pour but de permettre l'adaptation exacte du fer sur le contour du
bord plantaire de la paroi, afin de la protéger contre l'usure, mais qui
doit encore sauvegarder les propriétés du sabot, conserver l'intégrité de
son aplomb, la pousse régulière de sa corne, et en fin de compte, faciliter
les allures.

L'ajusture ne comprend pas seulement la préparation de la face supérieure du fer ; mais aussi la direction qu'on doit lui donner depuis la pince jusqu'à l'extrémité des éponges. — A l'aide de l'ajusture, on arrive à conserver au pied son assiette normale, sans rien changer à l'appui et à la direction des aplombs. L'ajusture des fers antérieurs n'est pas la même que celle réservée aux postérieurs, ce qui tient à la différence des fonctions locomotrices. Il est nécessaire, en effet, de se rappeler que l'appui ne se fait pas de la même manière en avant et en arrière ; que le pied antérieur pose depuis les mamelles jusqu'aux talons, tandis que l'assiette des pieds postérieurs commence au contraire dès la pince ; que les membres abdominaux sont chargés de propulser la masse en avant, que les membres thoraciques ont pour mission de la recevoir et, par leur disposition, doivent amoindrir et éteindre les pressions produites par le poids du corps.

Depuis la rive interne de la pince jusqu'à l'extrémité des éponges la face inférieure du fer à devant *sera plane*. — La pince, depuis cette même rive interne, sera relevée d'une épaisseur de fer environ. — La face supérieure aura une ajusture variée suivant une foule de circonstances, elle pourra être nulle ou très-peu prononcée, de manière cependant à prévenir toute pression sur la sole. — Plus l'ajusture des fers destinés aux bons pieds sera plane, plus l'équilibre sera stable et mieux seront conservés les aplombs. — *L'ajusture exagérée, entre deux rives et en bateau,* doit être *sévèrement proscrite*, car elle fausse complétement les aplombs, rend l'équilibre instable, la marche difficile et l'appui douloureux. Au moyen de cette préparation vicieuse, la partie inférieure du fer présente une surface convexe qui amoindrit l'assiette du sabot, restreint la surface d'appui conséquemment ; dans l'ajusture en bateau, le centre inférieur du fer supporte seul le fardeau qu'il déverse en avant ou en arrière, tantôt sur les colonnes osseuses des membres, tantôt sur les tendons et ligaments qu'il tiraille douloureusement ; il en résulte que toutes les pressions sont transmises aux talons, dans la majorité des cas ; que le levier phalangien est fatalement placé dans la position du cheval long et bas-jointé, et qu'en résumé, en augmentant le bras de levier de la puissance, on ruine forcément les tendons fléchisseurs. D'ailleurs, cette mauvaise ajusture permet aux corps étrangers de s'introduire entre la face supérieure du fer et de la sole, et d'exercer des compressions pénibles. — C'est un peu l'effet fâcheux produit par la tête des clous ordinaires, jusqu'à leur complet rasement par suite du frottement. L'adoption des clous à tête plate pour les fers antérieurs, *sans rien changer à la ferrure actuelle,* préviendrait, à n'en pas douter, un certain mouvement de bascule en arrière, et serait très-avantageuse pour la conservation des appareils ligamenteux et tendineux, destinés à supporter, dans de certaines limites, les pressions du poids du corps.

Il est des cas qui nécessitent cependant une certaine ajusture en rapport avec la conformation particulière de la sole : ainsi, sur un pied à sole plate, on pourra ménager une très-légère concavité, prise aux dépens mêmes de l'épaisseur de la lame métallique et sans que la face plantaire du fer soit dérangée du plan horizontal. — C'est à l'aide d'un martelage particulier, du côté de la rive interne, et à la face supérieure, qu'on parvient à obtenir ce résultat.

Dans le sabot à sole bombée, cette ajusture sera encore plus prononcée; c'est le seul moyen d'éviter les compressions de la sole, les soles foulées, battues, brûlées, l'étonnement du sabot, voire même la fourbure.

Les fers destinés aux pieds postérieurs doivent presque toujours présenter une ajusture plate, puisque la sole est généralement concave ; cette ajusture devra offrir un plan horizontal depuis la pince jusqu'aux éponges; la pince sera à peine relevée, car c'est sur cette région que se fait l'appui pendant l'action.

8° *Poids des fers.* — Ce poids est fixé par une décision ministérielle de la manière suivante :

Pour la cavalerie légère, de 350 à 400 grammes.
    cavalerie de ligne, de 370 à 430
    cavalerie de réserve, de 450 à 500
    chevaux de trait, de 500 à 600

Un maréchal ferrant peut aisément, en se renfermant dans ces limites, confectionner des fers convenables pour tous les pieds. Il est certain que, pour les chevaux de cavalerie légère et ceux de ligne, il lui est facile de ne pas dépasser le poids réglementaire. — Ce n'est qu'exceptionnellement qu'on peut tolérer une dérogation à cette règle pour les chevaux de réserve et ceux de trait, quand on a affaire à des animaux lourds et à des sabots très-volumineux. — Du reste, ce poids doit être en rapport avec la grandeur des pieds, la force de résistance de la paroi, la pesanteur et la taille des chevaux, ainsi qu'avec leur genre de service. — Le poids accordé aux fers destinés aux chevaux de cavalerie légère, notamment, devra être plutôt *moindre* quand il s'agira du cheval africain, au pied petit, à paroi faible et disposée à l'encastelure.

Le fer trop lourd est dans tous les cas une gêne pour l'animal, car, en supposant qu'il soit convenablement dégagé, il doit avoir une trop grande épaisseur qui nuit aux aplombs et entrave jusqu'à un certain point la liberté des mouvements. Si, au contraire, le fer présente une épaisseur appropriée, avec cet excédant de poids, cela prouve évidemment qu'il a trop de couverture et ne remplit pas les conditions d'une bonne ferrure.

9° *Parties accessoires du fer. Des crampons.* — Ces appendices ne seront placés sur les fers antérieurs que le plus rarement possible. On peut cependant les employer, momentanément, pour remédier à quelque défaut d'aplomb. Pendant les hivers rigoureux, afin d'assurer la marche, prévenir les glissades et les chutes, il est préférable d'avoir recours à l'usage provisoire de clous à glace, qui peuvent être enlevés à volonté, sans qu'il soit nécessaire de déferrer. — L'usage des crampons antérieurs a de grands inconvénients ; ces crampons faussent les aplombs, déterminent des contusions, exposent les animaux à se couper, à se donner des atteintes et à se déferrer. On peut les admettre sur les fers postérieurs, pendant l'hiver, alors que les chevaux doivent travailler sur le pavé glissant des villes. Dans toutes les autres circonstances, les quelques avantages qu'ils offrent ne compensent que faiblement les maux qu'ils engendrent. — Les crampons, quelle que soit leur forme, doivent toujours avoir une hauteur égale en dedans et en dehors, afin de ne pas mettre les pieds de travers, et afin surtout d'éviter les tiraillements des tendons et des ligaments. L'épaisseur des crampons doit être celle des éponges.

Les *pinçons* sont des prolongements du fer utiles pour lui prêter un point d'appui sur la paroi, pour le consolider, en un mot. Ils sont pris aux dépens de la rive externe du fer ; ils ne doivent point avoir une trop grande épaisseur et ne pas exercer une trop forte pression sur la paroi. Les pinçons sont habituellement levés au milieu de la pince. — Quand les pieds sont dérobés, on a la coutume d'en placer sur une ou sur les deux mamelles. L'usage de ces pinçons latéraux, sur les pieds antérieurs, amène à la longue une déformation du sabot et peut même gêner son mouvement d'expansion. — On pourrait supprimer, sans inconvénient, les pinçons antérieurs ; mais, comme ils facilitent la présentation et l'application du fer, il est préférable de les conserver. — Dans aucun cas, on ne devra faire placer des pinçons latéraux près des éponges des fers antérieurs.

RÉSUMÉ DE LA PREMIÈRE PARTIE.

Tels sont, en résumé, les principes généraux sanctionnés par l'expérience et relatifs à la préparation *du fer ordinaire*.

Il est important que les vétérinaires les vulgarisent, afin de faire cesser cette scission qui existe dans la plupart des corps ; afin surtout de faire disparaître *les vieux errements, les pratiques routinières, les systèmes erronés ou exclusifs*. — Les faits de chaque jour démontrent clairement qu'on ne peut ferrer avec une seule méthode, un système unique ; qu'il faut, au contraire, prendre ce qu'il y a de réellement utile partout où on le trouve. — Si la ferrure à branches tronquées convient aux pieds africains et à quelques pieds à talons serrés ou encastelés, elle ne saurait procurer des résultats aussi satisfaisants sur des pieds larges, à talons bas et à paroi faible, les animaux devant d'ailleurs être utilisés sur des terrains durs, caillouteux ou glissants.

Il en est de même du fer à éponges plus ou moins épaisses, ayant la pince et les mamelles étranglées qui, s'il convient aux talons bas et faibles, aux fourchettes atrophiées par suite de resserrement ou d'encastelure, aux animaux bas et long-jointés, et, enfin, à ceux qui souffrent des tendons fléchisseurs, ne saurait être adapté aux pieds de chevaux droit et court-jointés, ou ayant d'excellents talons et une assiette régulière. On peut en dire autant de la ferrure unilatérale qui peut être pratiquée avantageusement sur certains pieds et encore à la condition de placer des clous à tête plate, afin de ne pas mettre les pieds de travers. — Il faut toujours avoir présent à la mémoire qu'il ne s'agit pas seulement, dans l'opération de la ferrure, de favoriser l'élasticité de l'ongle, mais qu'il faut encore conserver l'intégrité, la rectitude des aplombs, aider la pousse régulière de la corne, et, enfin, faciliter les allures. Le problème de la maréchalerie ne peut être résolu qu'à ces seules conditions.

Dans ces principes généraux, il n'y a rien d'absolu, toutes les indications peuvent et doivent être modifiées suivant une foule de circonstances, se rattachant à la grandeur et à la pesanteur des chevaux, à leurs allures particulières, à leur service, à la forme si variée des sabots et aux aplombs. Chaque pied doit donc avoir un fer d'une tournure et d'une ajusture spéciales.—La garniture, la couverture devront aussi varier à l'infini, car on ne peut leur assigner des mesures rigoureuses. Quant à l'épaisseur, elle ne pourra être dans aucun cas trop forte, puisqu'elle est réglée par le poids réglementaire du fer. On peut faire des observations analogues à propos des étampures, quand il s'agit de leur nombre et de leur position respective ; elles doivent cependant être placées de telle façon, qu'elles ne puissent gêner en rien l'élasticité du pied. — En général, elles seront le plus rapprochées possible de la pince, sans déterminer d'inconvénient par leur réunion, et sans compromettre la solidité du fer. — Elles pourront être également disposées d'une manière unilatérale dans quelques circonstances. Pour ce qui est du nombre des étampures, il peut varier de 6 à 8. — Sur les pieds africains et ceux de la cavalerie légère, 6 clous peuvent maintenir solidement un fer de 350 à 400 grammes. Il sera toujours très-utile d'en placer 7 ou 8 pour fixer les fers des chevaux de réserve, de l'artillerie et du train, et dont le poids peut s'élever jusqu'à 600 grammes.

Il est inutile de rappeler que la tournure du fer doit être, le plus exactement possible, celle du sabot, quand ce dernier est bien conformé. Enfin, la longueur des éponges sera limitée à peu près par l'angle d'inflexion de la paroi.

DEUXIÈME PARTIE.

DE LA FERRURE PROPREMENT DITE.

Dans la ferrure, il est très-important d'étudier les questions qui se rattachent *à la manière d'abattre, de parer le pied, de faire porter le fer et de le fixer.*

Dans l'action d'abattre et de parer le pied, le but qu'on se propose est d'enlever l'excédant de corne, qu'un frottement naturel aurait fait disparaître sur un pied vierge de ferrure. Cette opération offre un intérêt immense, non-seulement au point de vue de la conservation des aplombs, mais encore parce qu'elle se rattache à l'élasticité et à la sécrétion de la corne. On ne doit pas perdre de vue que la manière de parer le pied, ainsi que l'ajusture du fer sont les opérations les plus essentielles de la ferrure et qui réclament tous les soins et toute l'attention du maréchal ferrant.

Instruments de ferrure.

Les instruments employés pour la ferrure sont : le rogne-pied, le boutoir, le brochoir, les tricoises, la râpe et le repoussoir.

Le rogne-pied est habituellement un fragement de sabre dont l'un des bouts est tranchant, sert à rogner l'excédant de la corne, et dont l'autre, à peine affilé, est conservé pour dériver les clous.

Le boutoir est l'instrument qui sert à parer la face plantaire de l'ongle.

L'espèce de petit marteau, ou brochoir, est employé à implanter les clous dans la paroi.

Les tenailles appelées tricoises sont destinées à arracher les clous et à les couper ; elles servent aussi à extraire les souches de clous et à soulever le vieux fer qu'on veut enlever.

La râpe n'est qu'une lime plate, à gros grains, avec laquelle on arrondit le bord plantaire de la paroi, et dont les ouvriers peu habiles font un usage immodéré.

Le petit poinçon, ou repoussoir, sert à déboucher le fond des étampures, à faire les contre-perçures, et est encore employé pour expulser les vieilles souches demeurées dans l'épaisseur de la muraille.

En mettant de côté tous les détails de second ordre que nécessite l'opération de la ferrure, tels que : l'arrivée du cheval à la forge, la manière dont il doit être attaché, le procédé employé pour lever et tenir les pieds, on s'attache principalement à examiner l'aspect général du pied, sa forme, ses proportions, son aplomb et la nature de la corne. On s'assure en même temps de la régularité des deux quartiers, du plus ou moins d'élévation des talons, de leur écartement, et, enfin, de la régularité de l'assiette du pied. — Après ce, on cherche à se rendre compte, à l'aide du vieux fer, de la manière dont l'usure a eu lieu. Il est également fort utile de donner un coup d'œil aux aplombs des membres antérieurs, et d'être fixé sur les allures du cheval qui doit être ferré. L'ouvrier, quelle que soit son habileté pratique, s'il ne voit que le pied, ne peut exécuter qu'une opération imparfaite.

Qu'on suppose un instant qu'on a affaire à un pied très-bien conformé, bien d'aplomb, fonctionnant normalement et usant régulièrement son fer ; le maréchal, à l'aide du rogne-pied, abat une quantité de corne en rapport avec la longueur de l'ongle, depuis les talons jusqu'à la pince. Il sait qu'il faut n'attaquer qu'avec précaution les parties squammeuses de la sole, et n'enlever que celles qui se détachent naturellement. Ce rogne-pied agit très-rarement sur la fourchette ; il ne sert, sur les pieds trop longs, qu'à abattre les parties trop dures et difficilement attaquables par le boutoir. Pendant cette opération, si de vieilles souches de clous sont rencontrées, le repoussoir et les tricoises en font justice, en détériorant la paroi le moins possible.

Au rogne-pied succède le boutoir, qui vient niveler le bord plantaire de la paroi depuis la pince jusqu'au bout des talons, de manière que cette surface corresponde bien à l'ajusture plane de la face supérieure du fer. Donc, une fois paré et abandonné sur le sol, ce bord plantaire sera tangent à un plan horizontal depuis la partie antérieure des mamelles jusqu'à l'angle d'inflexion de la paroi, de telle façon, cependant, que la pince soit relevée d'une épaisseur de fer environ, et puisse s'adapter à l'ajusture ménagée à la face supérieure du fer de cette même région.

Le boutoir ne servira qu'à unir la surface de la sole, sans l'amincir et l'affaiblir ; il n'agira que très-modérément sur la fourchette, plutôt pour la rafraîchir et la débarrasser des lambeaux inutiles, que pour diminuer son volume. — Une bonne fourchette indique constamment que les talons fonctionnent librement.

Les barres ne sont jamais amincies et parées, à moins qu'elles n'offrent une hauteur exagérée. Dans aucune circonstance on ne laissera pratiquer, *sur un bon pied*, cette opération désastreuse qui consiste à séparer la fourchette de la muraille. L'expérience a démontré que cette action, *d'ouvrir les talons*, est une des grandes causes du resserrement de ces parties et de l'encastelure. — Enfin, le boutoir ne devra pas amincir la paroi en arrière des talons, comme cela s'observe journellement.

L'ouvrier agira toujours avec la plus grande réserve, alors qu'il faudra abattre et parer la face plantaire du sabot ; il devra enlever ni trop, ni trop peu ; il ménagera la sole et la fourchette, mais surtout les barres et les arcs-boutants. Dans tous les cas, les deux quartiers seront parés de manière à avoir la même hauteur, afin de ne pas mettre le pied de travers, car il en résulterait une perte de force qui nuirait à la progression. En effet, la déviation du pied qui l'écarte du plan parallèle à l'axe dont il doit suivre la direction, lui fait perdre d'autant plus de son action que cette déviation est plus prononcée.

On doit surveiller les ouvriers médiocres qui, généralement, laissent trop de longueur au sabot, dans la crainte qu'ils ont d'offenser le vif ou de brûler la sole. Cette pratique vicieuse, ajoutée souvent à une épaisseur exagérée du fer, est une cause de fatigue permanente pour les tendons, et un motif de tares assez graves pour nécessiter la réforme. D'un autre côté, il ne faut pas laisser abattre et parer l'ongle d'une manière démesurée, car il peut en résulter une sole fouiée, battue, brûlée, l'étonnement du sabot, le resserrement des talons, des bleimes et même la fourbure.

Sur les pieds postérieurs, le boutoir devra mettre sur le même plan : pinces, mamelles et talons.

Dès que le pied est paré, l'ouvrier arrondit le bord tranchant de la surface plantaire, et fait disparaître les quelques inégalités qui peuvent exister. Enfin, le pied est posé à terre : il ne reste plus qu'à voir s'il est *bien d'aplomb*...

Faire porter le fer.

Avant de faire porter le fer à chaud, il est indispensable de le présenter à froid sur le pied ; car, bien qu'il soit ajusté à l'avance, le maréchal doit examiner s'il est nécessaire d'y apporter quelque modification.

Afin de prévenir les accidents produits par l'action du calorique, lorsque l'ouvrier fait porter son fer chaud pour s'assurer s'il porte uniformément sur le bord plantaire, et s'il a bien la tournure voulue, il faut que ce fer soit chauffé au rouge cerise plutôt qu'au rouge obscur. L'expérience a démontré que c'était le meilleur moyen d'éviter la brûlure de la sole et l'irradiation du calorique dans l'intérieur du sabot. — Le fer chaud doit rester le moins de temps possible sur la face plantaire. — La portion de corne carbonisée sera enlevée aussitôt. Si le pied est faible, à paroi mince ; si la sole a été trop parée, il est utile d'avoir recours, dans ce cas, à la ferrure à froid.

Tels sont les principes généraux qui doivent guider dans l'action d'abattre et de parer le sabot lorsqu'il est bien conformé et d'aplomb ; mais il peut parfois n'avoir pas conservé sa forme normale et son assiette régulière. C'est en parant convenablement la face plantaire, et en donnant une épaisseur appropriée à la lame métallique que l'ouvrier arrive à corriger les défauts. Dans cette circonstance particulière, le principe est renversé : c'est le pied qui doit être façonné pour le fer, afin de ne pas perpétuer, augmenter même ces défauts. — Ainsi, l'appui peut être porté sur la pince ou sur les talons, sur le quartier externe ou sur le quartier interne. Dans le premier cas, il faut ménager la pince, les mamelles, et abattre les quartiers et les talons de telle sorte que le bord plantaire se rapproche de la ligne horizontale. — Les talons sont-ils trop bas, obliques ou serrés ? le boutoir exercera son action sur la pince et les mamelles ; si, malgré cette précaution, les talons manquaient encore de hauteur, on placerait un fer à éponges nourries.   S'agit-il d'un quartier plus bas que l'autre ? on abat et pare davantage le quartier le plus élevé, et si cela ne suffit pas, on conserve une épaisseur plus grande à la branche qui correspond au quartier le moins élevé. Le plus habituellement, c'est le quartier interne qui offre le moins d'élévation et celui, par conséquent, qui doit être le plus respecté par le rogne-pied et le boutoir.

C'est à l'aide de ces moyens rationnels qu'on arrive seulement à conserver l'assiette régulière du pied, les aplombs, et qu'on peut régulariser la sécrétion cornée.

Fixer le fer sous le pied.

Le pied étant bien préparé et nivelé, il ne reste plus qu'à fixer le fer avec des clous, minces de lames et convenablement affilés. Les clous doivent sortir à la surface de la paroi d'une manière à peu près régulière, sans cependant être à la même hauteur, comme on l'indique généralement. Ceux de pince peuvent être brochés plus haut que ceux des mamelles, et ces derniers que ceux des quartiers. Les clous ne seront

8

brochés ni trop haut ni trop bas ; dans le premier cas , en effet , on peut piquer ou serrer le pied ; dans le second, le fer a moins de solidité.

La râpe ne devra servir qu'à niveler légèrement le bord inférieur de la paroi à sa jonction avec le fer, ainsi qu'à adoucir les rivets. La paroi ne sera râpée, dans aucun cas, au-dessus des rivets, afin de lui conserver son vernis naturel. L'abus de la râpe est trop généralement toléré.

Après l'opération du ferrage, les sabots et les talons doivent être enduits d'onguent de pied.

—IMPRIMERIE DE COSSE ET J. DUMAINE, RUE CHRISTINE, 2.